GRUSSWORT

„Es gibt kein äußeres Zeichen der Höflichkeit, das nicht einen tiefen sittlichen Grund hätte. Die rechte Erziehung wäre, welche dieses Zeichen und den Grund zugleich überlieferte.“
In dieser Notiz reflektiert Goethe im Stil seiner Zeit die Grundlage höflicher Umgangsformen in sittlicher Kultur und deren Vermittlung als pädagogische Aufgabe.

Der Name seines Zeitgenossen Adolph von Knigge, des Verfassers eines Ratgebers „Über den Umgang mit Menschen“, steht bis heute für die Beherrschung guter Umgangsformen und Höflichkeitsregeln und damit für Sicherheit „auf glattem Parkett“.
Aber erst die Persönlichkeit selber und ihre „Höflichkeit des Herzens“ (Goethe) erfüllen Regeln der Zeremonie und des Protokolls mit Leben und gestalten sie zur Ausdrucksform lebendiger Individualität.
Insbesondere für viele Bürgerinnen und Bürger, die sich ehrenamtlich und in Vereinen engagieren, bietet das Buch nützliche Hilfen zur optimalen Präsentation ihrer Leistung für das Gemeinwohl im Rahmen öffentlicher Veranstaltungen.

In diesem Sinne wünsche ich dem Handbuch der Protokollchefin der saarländischen Landesregierung weite Verbreitung und freundliche Aufnahme.

Hans Ley

Hans Ley
(Landtagspräsident)

MALSTATTER BEITRÄGE
aus Gesellschaft, Wissenschaft, Politik und Kultur
Herausgegeben von Franz Schlehofer,
Rudolf Warnking und Markus Gestier

UNION STIFTUNG

Gollenstein

Heidemarie Müller

Sicher auf glattem Parkett

Ein Handbuch

Inhalt

Vorwort

Polit-Etikette – was ist das?
Polit-Etikette ist eine Wortschöpfung, die kurz und knapp das Repertoire der Regeln bezeichnet, die eine Persönlichkeit des öffentlichen Lebens beherrschen sollte. Diese Regeln sind teilweise im Protokoll, im Zeremoniell und in der Etikette zu finden.
Protokoll regelt den Umgang amtlich beauftragter Personen im nationalen und internationalen Bereich, Zeremoniell schafft den feierlichen Rahmen hierzu. Unter Etikette versteht man die gehobenen Formen des gesellschaftlichen Umgangs, die guten Manieren.
Mit diesen Regeln kommt man immer dann in Berührung, wenn man den privaten Rahmen verlässt und beispielsweise an offiziellen, feierlichen oder repräsentativen Veranstaltungen teilnimmt, oder selbst die Gastgeberrolle übernimmt.
Sofort stellen sich Fragen, wie:

- In welcher Reihenfolge begrüße ich meine Gäste?
- Welche besonderen Anreden sind zu beachten?
- Muss ich überhaupt eine Rede halten?
- Sollten außer mir noch andere sprechen?
- Wenn ja, in welcher Reihenfolge?
- Wie platziere ich meine Gäste richtig?
- Wie stelle ich ein ausgewogenes Besuchsprogramm zusammen?
- Welche Besonderheiten sind bei repräsentativen Veranstaltungen zu beachten?
- Wann und wo werden Ordensauszeichnungen getragen?

Mit diesen und ähnlichen Fragen werde ich täglich befasst; Anfragen aus Kommunen, Verbänden oder der Wirtschaft sind die Regel.
Das zeigt: Je förmlicher oder offizieller die Situation ist, desto größer ist die Unsicherheit.

Mit diesem Handbuch möchte ich in verständlicher Form und unter Schilderung erlebter Beispiele die Lesenden mit einigen Standards vertraut machen, etwas über Sinn und Zweck dieser Standards vermitteln, Praxistipps geben und zum Schmunzeln die eine oder andere Anekdote erzählen.

Vieles von dem, was im hochoffiziellen Bereich Usus ist, kann auch für den lokalen Politikbereich, das Wirtschafts- und Verbandsleben wertvoller Anstoß sein, zumal eine deutliche Tendenz hin zu neuem Stilbewusstsein spürbar ist.
Ich möchte jedoch keinesfalls, dass der Eindruck entsteht, erfolgreiche Repräsentation hänge *allein* vom Exerzieren bestimmter Verhaltensweisen ab, oder wirtschaftliche und politische Erfolge seien *allein* durch sie zu erzielen. Was nützt die ausgefeilteste Rednerfolge, wenn die Redeinhalte dürftig sind! Was nützt ein in den Formen perfekter, aber in der Sache inkompetenter Gesprächspartner! Formen haben nicht die Funktion, Inhalte zu ersetzen, sondern sie sinnvoll zu ergänzen. Form ohne Inhalt ist hohl, Inhalt ohne Form ist unvollkommen.

In Einzelfällen kann es vernünftig sein, von Standards abzuweichen. Dieses Abweichen muss jedoch – um Irritationen zu vermeiden – erklärbar und für andere nachvollziehbar sein. Und: Es setzt die Kenntnis der üblicherweise einzuhaltenden Regeln voraus. Ansonsten muss man schon auf anderem Gebiet Geniales zu bieten haben, damit es gesellschaftlich gebilligt wird, seine Not (die Umgangsformen nicht zu kennen oder zu missachten) zur Tugend (also zur sittlich wertvollen Eigenschaft) zu erheben.
Manchmal haben Sie nur die Wahl zwischen zwei Unhöflichkeiten, etwa wenn ein Ihnen bekanntes Paar Sie per Handschlag begrüßen will und Sie bekommen sofort die Hand des Herrn entgegengestreckt. Dann wäre es unhöflich, diese Hand in der Luft hängen zu lassen, womöglich noch mit dem Hinweis *Ladys first*. Am besten erwidern Sie kurz den Händedruck, wenden sich der Dame zu, eventuell mit einer kurzen Entschuldigung für den kleinen Faux pas. Sie machen damit deutlich, dass Sie die Regeln kennen, sich in dieser Situation aber für die mindere Unhöflichkeit entschieden haben.

Teil eins

Know-How der Repräsentation

Know-how der Repräsentation

Repräsentieren bedeutet, sich der (herausgehobenen) gesellschaftlichen oder beruflichen Stellung oder Funktion entsprechend in der Öffentlichkeit zu verhalten und würdig aufzutreten. Als Repräsentant/in vertritt man etwas nach außen, d.h. eine Institution, Körperschaft, Vereinigung, Firma erhält durch eine oder mehrere Personen ein Gesicht, wird wahrnehmbar und erfahrbar. Das gleiche gilt für deren Symbole aber auch für deren repräsentative Veranstaltungen. Wann immer man sich in der Rolle des Repräsentierenden befindet, sei es als Gastgebender oder Gast, als Gesprächspartner/in oder Besucher/in, als Führungskraft oder Mitarbeitender mit Kundenkontakt, tritt die Privatperson in den Hintergrund. Im Vordergrund stehen Amt oder Funktion. Kurz: Der Auftritt des Repräsentanten definiert das Image, beispielsweise seines Verbandes, Unternehmens, oder einer Kommune auf sehr direkte Art. Passen Auftritt und Wunsch-Image nicht zusammen, ergibt sich ein negativer Eindruck, der insbesondere beim Erstkontakt schwer wieder zurechtgerückt werden kann.

Nun werden Sie sagen, angesichts der Verschiedenheit der Menschen – und wenn sich die Tätigkeit auch auf das Ausland erstreckt – der Verschiedenheit der Kulturen ist es schwer möglich, es allen recht zu machen. Nicht alles, was ich freundlich und nett meine, wird auch so aufgefasst. Das stimmt! Aber die Folgerung daraus kann nur sein, dass ich versuche, mein Risiko auf ein Minimum zu reduzieren und nicht nach der Devise handele: Ich benehme mich, wie ich will. Sollen die anderen sich doch auf mich einstellen!

Hier helfen Standards weiter, weil sie das Zurechtkommen in einer immer komplexer werdenden Umwelt erleichtern und so bei politischen, gesellschaftlichen oder geschäftlichen Begegnungen Missverständnissen vorbeugen und Sicherheit geben.

ATMOSPHÄRE ZUM WOHLFÜHLEN:

Atmosphäre zum Wohlfühlen

Schwieriger als Standards einzuhalten ist es sicherlich, eine gute Atmosphäre zu schaffen, obwohl es auch zur guten Atmosphäre beiträgt, Standards einzuhalten. Atmosphäre bedeutet, einer bestimmten Situation, einem Raum oder einer Veranstaltung ein eigenes Gepräge zu geben, eine für das angestrebte Ziel günstige Stimmung zu erzeugen, eine positive Ausstrahlung zu erreichen. Wenn Menschen sich in einer bestimmten Umgebung nicht wohl fühlen, obwohl an den äußeren Umständen nichts zu kritisieren ist, wird oft von schlechter, ungemütlicher, eisiger, frostiger oder fehlender Atmosphäre gesprochen, ohne dass eine konkrete Ursache dafür angegeben werden kann. Umgekehrt kann trotz mangelhafter äußerer Umstände eine gute, behagliche, fröhliche, freundliche Atmosphäre wahrgenommen werden. Atmosphäre ist etwas, das die emotionale Seite des Menschen anspricht. Ob sie als gut oder schlecht empfunden wird, ist das Ergebnis eines Bewertungsprozesses, der alle Wahrnehmungen mit einschließt, die auf einen Menschen in einer bestimmten Situation einwirken. Hierzu gehören andere Menschen, deren Aussehen, Verhalten, Sprache, Gestik, Mimik sofort – meist unterbewusst – bewertet wird genauso wie das Umfeld, in dem man sich begegnet.

Viel kann man zu einem positiven Eindruck beitragen, wenn man Standards einhält. Der Rest ist eine hohe Kunst, die viel Erfahrung, Sensibilität und Einfühlungsvermögen aber auch Kreativität verlangt.

Ihr Verhalten und Ihre Gastfreundschaft – natürlich auch das der Menschen in Ihrer Umgebung mit eingeschlossen – sind ausschlaggebend für das Wohlbefinden Ihrer Gäste. Eine gute Atmosphäre hängt im Wesentlichen davon ab, wo und wie Sie Ihre Gäste und Gesprächspartner empfangen, betreuen und verabschieden. Besucher-, Empfangs-, Sitzungs- oder Konferenzräume sollten gleichermaßen zweckmäßig und ansprechend ausgestattet sein. Ein sicheres und gewandtes Auftreten der Akteure unterstreicht einen positiven Eindruck. Jeder sollte das Gefühl haben, dass er willkommen ist.

Als Gast hält man selbstverständlich auch die gebotenen Standards ein und trägt mit freundlichem und entgegenkommendem Verhalten zu einer guten Atmosphäre bei.

Sich an Regeln zu halten ist eine vertrauensbildende Maßnahme, die Sympathie einbringt, zu einem positiven Image verhilft, zu persönlicher Souveränität und Sicherheit im Umgang mit anderen. Sympathie ist wichtig

für den politischen, wirtschaftlichen oder gesellschaftlichen Erfolg, denn Kommunikationswissenschaftler haben festgestellt, dass achtzig Prozent des menschlichen Handelns emotional und nur zwanzig Prozent rational bedingt sind. Hilflosigkeit, die sich hinter verkrampftem, flapsigem oder gar arrogantem Verhalten verstecken kann, wird vermieden. Durch Standards und vertraute Abläufe wird eine Atmosphäre geschaffen, in der sich gute Kontakte und Gespräche entwickeln können. Ungewohnte Abläufe hingegen irritieren, ängstigen oder führen zu übertriebener Vorsicht und Misstrauen. Wenn die Form stimmt, werden Irritationen und Fehlinterpretationen vermieden, man kann sich voll auf die Inhalte, z.B. von Verhandlungen konzentrieren. Formen ergänzen die fachliche Kompetenz, sie ersetzen sie nicht!
Eine Zusammenfassung der heute gültigen Regeln im gesellschaftlichen und geschäftlichen Bereich bietet unter anderem die zu Umgangsformen und Stil im Anhang angegebene weiterführende Literatur.
Aber schon an dieser Stelle möchte ich Sie mit einigen Standards vertraut machen, bei denen erfahrungsgemäß die Fehlerquote sehr hoch ist.

Grüssen und Begrüssen

Heute grüßt im Allgemeinen derjenige zuerst, der den anderen zuerst sieht, der auf eine Gruppe stößt oder einen Raum betritt. In förmlichen oder offiziellen Situationen erlebe ich oft, dass auf traditionelle Regeln zurückgegriffen wird. Sie besagen: Der Herr grüßt die Dame. Der Jüngere grüßt den Älteren. Die Jüngere grüßt die Ältere. Der Rangniedrigere grüßt den Ranghöheren.
Das gleiche gilt für die Begrüßung mit Handschlag. Hier ist es nur umgekehrt: Die Hand zum Begrüßen reicht die Dame dem Herrn, der Ältere dem Jüngeren, die Ältere der Jüngeren, der Ranghöhere dem Rangniedrigeren, der Gastgeber/die Gastgeberin den Gästen. Früher war die Begrüßung per Handschlag die höfliche Begrüßungsform schlechthin. Heute hat sie etliche Gegner. Der richtige Einsatz fordert also viel Fingerspitzengefühl, eine gute Beobachtungsgabe und Einschätzungsvermögen für die jeweilige Situation. Umfragen haben ergeben, dass ein Handschlag beim Vorstellen, beim beruflichen Erstkontakt und bei Geschäftsterminen überwiegend höflicher emp-

funden wird als nur ein Gruß. Auch von Gastgebern erwartet man einen Gruß per Handschlag. Bemerkenswert ist, dass der Handschlag bei der jüngeren Generation hohe Akzeptanz findet. Das gleiche gilt für die neuen Bundesländer.

Mit dem Handschlag zu verbinden ist: Lächeln, Blickkontakt, Aufstehen (bei Herren Jackett schließen), Hände aus Hosen- und Jackentaschen nehmen, Zigaretten, Kaugummis, Bonbons aus dem Mund nehmen, mittelfester Händedruck, erfassen der ganzen Hand (nicht nur der Fingerspitzen). Zu vermeiden sind: kalte oder feuchte Hände, großer Abstand, „Fluchtstellung", unangemessene Gesten, wie Schulterklopfen o.ä.
Im politischen wie auch im geschäftlichen Bereich hat der Handschlag eine hohe symbolische Bedeutung, beispielsweise bei Staatsbesuchen oder beim Abschluss von Vertragsverhandlungen. Fast täglich werden solche Bilder in Nachrichtensendungen gezeigt. Das ist ein Verweis auf die ursprüngliche Bedeutung des Handschlags als Friedensgeste – ich zeige dem anderen die unbewaffnete rechte Hand.
So sah man auch lange in der Begrüßung per Handschlag ein Signal des Interesses am anderen oder der Bereitschaft für ein Gespräch. Auch heute noch ist der Gruß oder das Begrüßen wichtig für jeden Menschen, sonst fühlt

er sich missachtet; das gleiche gilt für die Erwiderung eines Grußes. Wird eine Personengruppe begrüßt, so begrüßt man entweder alle per Handschlag oder keinen, bei offiziellen oder förmlichen Begegnungen wird man sich für den Handschlag entscheiden, es sei denn, es handelte sich um Personen anderer Kulturen, denen solche Berührungen nicht vertraut sind, beispielsweise Japanern. Hier empfiehlt es sich, die jeweilige Art der Begrüßung vorher abzusprechen.

Die Grußformel sollte auf die Situation und auf den Grußempfänger abgestellt sein. Auch hier gilt, je offizieller oder förmlicher die Situation, desto eher sind die traditionellen Grußformeln, wie *Guten Tag*, *Guten Abend* zu verwenden in Verbindung mit der korrekten Anrede. Im alltäglichen Bereich erfreut sich *Hallo* großer Beliebtheit und Umfragen zufolge auch einer hohen Akzeptanz quer durch alle Bevölkerungs- und Altersgruppen.

Vorstellen – Austausch von Visitenkarten

Das Vorstellen gehört zur Selbstdarstellung. Deshalb kommt ihm im offiziellen wie im geschäftlichen Umfeld besondere Bedeutung zu. Während sich im gesellschaftlichen Bereich das *Bekannt machen* mit weniger strengen Regeln durchgesetzt hat, gilt für formelle Situationen, dass dem/der Ranghöheren der/die Rangniedrigere, dem Älteren der Jüngere, der Älteren die Jüngere und der Dame der Herr vorgestellt wird. (Ausnahmen: der/die Einzelne wird der Gruppe vorgestellt, der/die Hinzukommende den bereits Anwesenden, der Redner/die Rednerin dem Publikum, neuer Chef/neue Chefin den Mitarbeiter/innen). Dabei werden Titel, Adelsprädikate, unter Umständen auch Berufsbezeichnungen oder Funktionen mitgenannt. Die einander Vorgestellten grüßen sich. Früher übliche Floskeln, wie *erfreut* oder *angenehm* gelten als verstaubt und sind nicht mehr zeitgemäß. Ehepartner/innen werden nicht als mein Gatte/Gemahl oder Gattin/Gemahlin vorgestellt, es heißt mein Mann bzw. meine Frau.

Im hochoffiziellen Bereich ist die Vorstellung in den Ablauf einer Begegnung eingeplant. Trifft ein hochrangiger Gast mit seiner Delegation ein, wird nach der Begrüßung durch den Gastgeber dieser dem Gast die zu seiner Begrüßung Anwesenden vorstellen. Damit diese Vorstellung geordnet abläuft, bildet man eine so genannte *Receiving line*, eine nach Ranggesichtspunkten geordnete

Begrüßungsreihe, an der Gastgeber und Gast mit Delegation vorbei defilieren. In der überwiegenden Zahl der Fälle ist man jedoch in der Situation, sich selbst vorstellen zu müssen. Und wenn das schon so ist, sollte man die Selbstvorstellung nutzen, ein Sympathiefeld aufzubauen. Die Selbstvorstellung sollte ganz am Anfang des Gespräches stehen, das wirkt sympathisch, offen und trägt zu einer angenehmen Atmosphäre bei. Man nennt dabei als selbstbewusster Mensch Vor- und Nachnamen. Männer bezeichnen sich nie selbst als Herr, es heißt also keinesfalls: Ich bin *Herr* Soundso. Frauen können sich zwar als *Frau* Soundso vorstellen, diese Form ist jedoch überholt, weil sie aus einer Zeit stammt, in der mit der Bezeichnung *Frau* der Unterschied zur unverheirateten Frau deutlich gemacht wurde. Selbstbewusste moderne Frauen und Frauen im Berufsleben stellen sich mit ihrem Namen vor.

Eigene akademische Grade oder Titel erwähnt man bei der Selbstvorstellung nicht. Eine kurze Einleitung, am besten: *Ich bin* (Rainer Müller) wirkt angenehm.Visitenkarten sind für die Vorstellung sehr hilfreich, sie enthalten alle wichtigen Daten in komprimierter Form. Ein Blick darauf hilft, komplizierte Namen besser aufzunehmen und zu behalten. Die Gestaltung der Visitenkarte sollte wohl überlegt sein, da der Überreicher sich selbst und den Bereich, den er repräsentiert, damit ausweist.

Eine multifunktionale Visitenkarte sollte für Kurzmitteilungen tauglich sein oder auch als Begleitkarte zu Geschenken oder Blumen, d.h. das obere Drittel der Karte bleibt unbedruckt, um es individuell beschriften zu können. Wird die Karte für solche Kurzmitteilungen genutzt, wie *Herzliche Grüße, Mit Dank zurück, Mit besten Genesungswünschen* entfallen Anrede und Unterschrift auf der Visitenkarte. Schick sind kleine passende Umschläge, auf die der Name des Empfängers geschrieben wird.

Für den Einsatz im Ausland sollten Visitenkarten zwei- oder mehrsprachig sein; dafür können Vorder- und Rückseite benutzt werden. Mit einer einleitenden Bemerkung, wie *Darf ich Ihnen meine Karte geben* überreichen Sie Ihre Karte. Üblicherweise wird diese Geste erwidert. Eine Karte sofort nach Erhalt ungelesen wegzustecken, gilt als unhöflich. Bei Konferenzen oder Gesprächen ist es sogar üblich, die Karte offen am Platze liegen zu lassen. Im Ausland ist der Umgang mit Visitenkarten teilweise noch respektvoller. Japaner überreichen die Karte mit beiden Händen und einer leichten Verbeugung. Dies gehört zum festen Ritual bei der ersten Begegnung. Als höflicher Europäer erwidert man diese Geste.

Positives Erscheinungsbild

Ein positives Erscheinungsbild wird zunächst vermittelt durch eine gepflegte Erscheinung, eine gute Körperhaltung und die passende Kleidung (passend zum Anlass, zur beruflichen Stellung / Funktion / Branche / Image, passend zum Typ), die idealerweise Stärken unterstreicht und Schwächen kompensiert. Der erste Eindruck wird entscheidend von Äußerlichkeiten bestimmt, wobei die Erwartungshaltung maßgeblich ist. Entspricht die Erscheinung nicht den Erwartungen, reagiert das Gegenüber gefühlsmäßig meist negativ und ist irritiert.
Von Repräsentanten im offiziellen Bereich, bei feierlichen oder förmlichen Anlässen, im traditionellen Dienstleistungsgewerbe und ganz allgemein in den Führungsetagen weltweit wird das klassisch-konservative Erscheinungsbild erwartet. Der derzeitige deutsche Außenminister hat bei einem Interview auf die Frage, ob der dreiteilige Zwirn ein persönlicher Quantensprung sei, geantwortet, er sei auch früher nicht im Baströckchen rumgelaufen. Jetzt vertrete er als Bundesaußenminister Deutschland in der Welt. Dass er dabei die entsprechende äußere Form zu wahren habe, sei er dem Land und dem Amt schuldig. Kleider machten aus ihm keinen anderen Menschen; der Anzug sei seine Arbeitskluft.
Zur klassisch-konservativen Erscheinung gehören gepflegte Hände und Fingernägel, die Vermeidung unangenehmer Gerüche aller Art, gepflegtes Haar, kein Übermaß an Make-up und Schmuck und formelle Kleidung, d.h. Anzug oder Kombination, Hemd und Krawatte, gepflegte dunkle Schuhe und dunkle zu den Schuhen passende Socken für ihn, Kostüm, Kleid oder Hosenanzug mit dezenten Accessoires für sie. Kleidung und Outfit sind im repräsentativen Bereich keine Privatsache, sie haben Signalwirkung und können ungünstigstenfalls als Missachtung oder gar als Provokation empfunden werden. Dagegen wirkt ein ästhetisches Gesamtbild immer positiv, erfordert allerdings auch ein hohes Maß an Selbstdisziplin und Anpassungsfähigkeit. Dasselbe gilt für eine gute Körperhaltung und kontrollierte Bewegungen. Zu

vermeiden ist alles, was fehlinterpretiert werden könnte, z.B. krumme oder verkrampfte Haltung, Hände dauernd in den Taschen lassen, breitbeinig oder halb liegend auf dem Stuhl sitzen, Kopf in die Hände stützen, am Körper kratzen, mit erhobenem Zeigefinger sprechen.

Gute Umgangsformen im Allgemeinen und bei Tisch

Zum guten Stil gehören Pünktlichkeit, Zuverlässigkeit, Zuwendung, Taktgefühl, Toleranz, Hilfsbereitschaft, Freundlichkeit und Höflichkeit. Konkret heißt das, ich lasse Gesprächspartner nicht warten, die zum vereinbarten Zeitpunkt erscheinen. Sind Wartezeiten unvermeidlich, sorge ich für eine angenehme Warteatmosphäre (Getränk, Zeitung, Mitarbeiter als Gesprächspartner). Zusagen halte ich ein, wende meinem Gesprächspartner die volle Aufmerksamkeit zu, stelle keine unangemessenen Fragen, erkläre nicht die eigene Sichtweise für allgemeingültig, pflege einen freundlichen Umgangston, vermeide Störungen durch Telefonate oder eingeschaltetes Handy, lasse dem Gast wo immer möglich und vernünftig den Vortritt, halte ihm gegebenenfalls die Tür auf oder helfe ihm bei der Garderobe. Höfliches Verhalten ist geprägt durch Umsicht, Rücksicht, Vorsicht und Voraussicht, durch menschliches Interesse, nicht durch Exerzieren hohler Förmlichkeiten.
Höflichkeit ist immer auch Ehrlichkeit, aber so ausgedrückt, dass sie niemanden verletzt. Das erfordert allerdings eine entsprechende sprachliche Gewandtheit. Mangelt es daran, können ehrliche Äußerungen schroff wirken, was wiederum nicht höflich wäre. Deshalb wird ohne Not oft zu Notlügen gegriffen, was der Höflichkeit zu Unrecht den Ruf der Unehrlichkeit eingebracht hat.
Hierzu ein einfaches Beispiel aus der Praxis: Bietet Ihnen ein Jüngerer/Rangniedrigerer das *Du* an, Sie möchten diese vertrauliche Anrede aber definitiv nicht und finden das Angebot zudem ziemlich dreist, weil es nach den gültigen Standards Ihnen vorbehalten ist zu entscheiden, ob Sie mit einem Jüngeren/Rangniedrigeren per Du sein wollen oder nicht. Die spontane Antwort könnte in etwa so ausfallen: *Was fällt Ihnen denn ein …, wissen Sie denn nicht, dass …* – keine höfliche Art der Reaktion. Wesentlich

besser ist es, zu überlegen, weshalb Sie diese Anrede nicht möchten und Ihr Nein freundlich zu erklären: *Es ist eine liebe Gewohnheit von mir, nicht allzu schnell zum Du überzugehen ... / Ich finde es besser, im betrieblichen Bereich beim Sie zu bleiben ... / Ich habe meine Gründe, in dieser Frage etwas zurückhaltend zu reagieren und bitte deshalb sehr um Verständnis, wenn ich vorschlage, weiterhin beim Sie zu bleiben.* Eine solche Art der Reaktion führt zum selben Ergebnis, belastet das Verhältnis aber weniger.

Gepflegte Gastlichkeit hat Konjunktur, Essen und Trinken in Gesellschaft eine lange Tradition. Aber der Genuss dabei ist oft nur halb so groß, wenn man die Spielregeln nicht kennt. Wer unsicher ist, wirkt verkrampft, ist nervös und fühlt sich nicht wohl. Wird die Aufmerksamkeit nur darauf gerichtet, keine Fehler zu machen, gerät die Kommunikation zu kurz.

Hier haben Menschen mit guter Kinderstube mitunter einen Vorsprung. Sie lernen schon recht früh den souveränen Umgang mit Geschirr und Besteck, die angenehme Konversation bei Tisch und das Anpassen an formelle und lockere Tischrunden.

Flexibel ist, wer die gültigen Formen beherrscht und akzeptiert, und sich dann je nach Situation entscheidet, ob und wieweit er sich anpasst, ohne dass es dem eigenen Selbstverständnis schadet oder den ästhetischen Gesamteindruck schmälert. Angemessene Essmanieren sind die Einigung auf den kleinsten gemeinsamen Nenner. Jeder hat eine andere Toleranzgrenze. Wenn alle sich wohl fühlen sollen, muss jeder gewisse Einschränkungen hinnehmen.

Gute Tischmanieren müssen verinnerlicht werden. Schließlich ist vieles nur Gewohnheit. Und eben deshalb erkennt man an den Tischmanieren schnell Menschen mit und ohne Lebensart. Es erfordert schon Übung und Erfahrung, die Regeln guter Tischsitten – auch im Umgang mit und unter Einfluss von Alkohol – einzuhalten, weshalb auch so genannte Gabeltests bei Bewerbungsverfahren für das mittlere und gehobene Management der Wirtschaft so beliebt sind. Tischsitten sind Teil der persönlichen Kultur und weisen das gesellschaftliche Niveau aus, was für die Besetzung von Führungspositionen in Unternehmen – wie seriöse Untersuchungen ergeben haben – Auswahlkriterium ist.

Dass es im Allgemeinen einen Nachholbedarf in puncto Tischmanieren gibt, zeigt ein Blick in Gaststätten und Restaurants: Überall lümmeln Menschen auf ihren Stühlen anstatt zu sitzen, werden Ellenbogen aufgestützt, um mit gefalteten Händen den Kopf über den Teller zu hängen, werden Unterarme in voller Länge auf dem Tisch platziert, krummer Rücken inklusive. Besonders Rücksichtslose lassen das ganze Lokal an ihrer Konversation teilhaben wie ebenso an Telefonaten per Handy. Der laute Ruf nach dem *Fräulein* rundet das ganze Bild noch ab. Was dabei untergeht, ist der ästhetische Anblick, der Genuss am Essen und die vergnügliche Unterhaltung der Tischgesellschaft. Womit wir bei Sinn und Zweck guter Tischmanieren wären. Kultivierte Menschen finden es kaum anregend, jemanden mit offenem Mund kauen und mit vollem Mund sprechen zu sehen. Husten und niesen über den eigenen oder fremde Teller, lautes Nase putzen (das zu allem Überfluss dann auch noch mit einem interessierten Blick ins Taschentuch endet), schmatzen und schlürfen, rauchen während andere essen und zum Abschluss genüsslich die Reste aus den Zähnen bohren, kann Genuss und Appetit gehörig verderben und die Stimmung empfindlich stören.
Bei offiziellen und Geschäftsessen riskiert man zudem einen Karriereknick, wenn man sich als Mensch ohne Lebensart präsentiert.
Die beste Figur machen Sie, wenn Sie aufrecht mit einer Handbreite Abstand zum Tisch sitzen, die Hände maximal bis zum Handgelenk auf den Tisch auflegen und die Ellenbogen auch beim Schneiden von Fleisch oder Schieben des Essens auf die Gabel nah am Körper halten. Eine solche Haltung am Tisch wirkt kultiviert, schützt die Nachbarn davor, während des Essens ständig mit dem Ellenbogen berührt zu werden und hält davon ab, den eigenen Kopf immer weiter Richtung Teller zu neigen, anstatt Gabel oder Löffel zum Mund zu führen. Wer den (langen) Weg des Bestecks vom Teller bis zum Mund wegen Kleckergefahr fürchtet, sollte nur kleine Mengen aufnehmen, sie sind besser zu balancieren und haben den Vorteil, dass man die Konversation bei Tisch nicht aussetzen muss. Außerdem ist langsames Essen gesünder.
Das Jackett können Sie beim Hinsetzen an den Tisch öffnen. Die Serviette legen Sie am besten halb gefaltet mit dem Knick zum Körper auf den Schoß. Mit der oberen Hälfte tupfen Sie sich bei Bedarf und bevor Sie zum Glas greifen die Lippen ab, die untere Hälfte bleibt unbenutzt, damit es keine *Über-*

tragungsflecken von der Serviette zur Kleidung gibt. Servietten werden weder in den Kragen noch mittels Klemme in Hemd oder Bluse gesteckt.
Nach dem Essen und falls Sie den Tisch kurz verlassen, legen Sie die Serviette links neben den Teller, keinesfalls auf den benutzten Teller! Das gilt für Stoffservietten und für in der Größe ähnliche Vliesservietten.
Kleinere Papierservietten sind meist nur als Mundservietten gedacht, z.B. beim Frühstück. Sie können während des Essens links neben dem Teller liegen. Sie nach dem Essen auf den Teller zu legen, ist nicht mehr zu raten, weil Essensreste und Papier oftmals getrennt entsorgt werden. Manchmal werden Stoff- und Papierservietten als Duo ineinandergefaltet eingedeckt; dann wird die Papierserviette als Mundserviette und die Stoffserviette ausschließlich als Kleiderschutz verwendet.
Besteck gehört nicht in die Faust, sondern in die Finger, die wiederum nicht auf die Messerklinge oder den Gabelrücken abrutschen dürfen. Mit Besteck und Geschirr macht man während des Essens keine Geräusche, man benutzt Besteck auch nicht als Zeigestock oder Hilfsmittel, um Skizzen in die Luft oder auf Tischdecken zu zeichnen. Messer werden nie zum Mund geführt, geschweige denn abgeleckt, Messer werden nicht an der Gabel oder dort befindlichen Fleischstückchen akribisch abgestreift, Kaffeelöffel niemals abgeleckt. Zucker im Getränk wird nicht minutenlang klimpernd umgerührt. Benutzte Kaffee-, Eis- oder Suppenlöffel gehören auf den Unterteller.

Benutztes Besteck darf *nicht* auf das Tischtuch zurückgelegt oder am Tellerrand aufgestützt werden.

Offenes Besteck bedeutet *bitte nachlegen* oder bei noch gefülltem Teller *ich mache gerade eine Essenspause.*

Geschlossenes Besteck heißt *ich bin fertig.*

Wird ein mehrgängiges Menü verzehrt, ist für jeden Gang ein frisches Besteck vorgesehen, das – hat man das Menü vorbestellt – schon eingedeckt ist. Das Gedeck besteht aus Serviette, evtl. Platzteller, Brotteller und -messer, dem erforderlichen Besteck und Gläsern. Für das Benutzen des Bestecks gibt es eine einfache Regel: Von außen nach innen! Liegen auf der rechten Seite Messer-Löffel-Messer und auf der linken Seite zwei Gabeln, so gibt es als Menü eine Vorspeise (äußeres Messer, äußere Gabel), eine Suppe (Löffel)

und ein Hauptgericht (inneres Messer, innere Gabel). Das Dessertbesteck ist oberhalb des Tellers eingedeckt, meist Löffel und Gabel. Das Dessertbesteck benutzt man, wie es am praktikabelsten ist: kuchenähnliche Teile isst man nur mit der Gabel, Mousse nur mit dem Löffel, Eiskugeln kann man mit der Gabel (linke Hand) fixieren und mit dem Löffel (rechte Hand) essen, um nur einige Möglichkeiten zu nennen. Bei Linkshändern ist das umgekehrt; sie dürfen alle Besteckteile natürlich auch tauschen.
Vor oder zum Essen gereichtes Brot oder Brötchen werden auf den Brotteller (linke Seite des Gedecks) gelegt. Butter oder Brotaufstriche gibt man ebenfalls auf den Brotteller. Von dem Brot werden nach und nach kleine Stücke abgebrochen, die man mit dem kleinen Buttermesser (liegt auf dem Brotteller) bestreicht und dann zum Mund führt. Keinesfalls bestreicht man ganze Scheiben Brot oder halbierte Brötchen, um dann herzhaft hineinzubeißen. Hat man ein Menü samt Weinen vorbestellt, sind die passenden Gläser rechts oberhalb des Tellers ebenfalls schon eingedeckt, entweder in halbrunder oder Längsform oder wie abgebildet in Blockform.

Getränke werden vom Servicepersonal in die vorgesehenen Gläser eingeschenkt. In der gehobenen Gastronomie bedient man sich allenfalls beim Mineralwasser selbst. Als Faustregel gilt: das Rotweinglas ist größer als das Weißweinglas, das Rotweinglas steht mehr zur Mitte, das Weißweinglas mehr nach rechts. Als Stielwasserglas wird meist das Glas mit dem größten Kelch verwendet (es steht dann links vom Rotweinglas), es sei denn die Marke des Wassers sei auf dem Glas vermerkt, was die Zuordnung von daher sehr vereinfacht oder es ist ein Wasserbecher eingedeckt. Bei dieser Gelegenheit: Langstielige Gläser werden grundsätzlich am Stiel angefasst. Das sieht schicker aus und gibt keine Fingerabdrücke auf den Gläsern. Wasserbecher etc. greift man im unteren Drittel.

Bestellt der Gastgeber – der auch eine Frau sein kann – Wein, so ist die Weinprobe ihm vorbehalten. Er prüft zunächst das Etikett, um zu sehen, ob es auch der von ihm gewünschte Wein ist. Am Probierschluck testet er Geschmack und Temperatur; schmeckt der Wein korkig, wird eine neue Flasche serviert. Ist er in Ordnung, wird dem Ober mit einem Nicken bestätigt, dass er den Wein einschenken kann. Bei offiziellen Essen oder größeren Gesellschaften überlässt man dem Sommelier die Weinprobe.

Bei Tisch wird grundsätzlich mit Besteck gegessen, von dem zum Essen gereichten Brot und Kanapees als *amuse geulle* einmal abgesehen. Fingergerichte sind die Ausnahme. Ein deutliches Zeichen, dass mit den Fingern gegessen werden darf oder soll, ist (im gehobenen Restaurant) das servieren einer Fingerschale (Schale mit lauwarmem Wasser und einer Zitronenscheibe), in die man die Fingerspitzen taucht, säubert und mit einer dazu gehörenden Serviette trocknet. Das heißt im Umkehrschluss aber auch: Steht keine Fingerschale – oder ersatzweise ein feuchtes Tuch – bereit, wird mit Besteck gegessen. Das gilt für Geflügel genauso wie für Schalentiere.

PRAXIS-TIPP

Mit wenig Übung gelingt das Verzehren von einzelnen Garnelen, die beispielsweise auf Vorspeisen- oder Salattellern angerichtet sind, mit Messer und Gabel ganz einfach: Kopf abtrennen, mit der Gabel an der Schnittfläche das Fleisch fixieren, Messerspitze zwischen Schale und Fleisch schieben und Schale Richtung Rücken ablösen.

Werden Garnelen als Fingergericht gereicht, halten Sie den Kopf in der einen Hand und drehen das Schwanzende mit der anderen Hand dagegen. Der dünne Panzer bricht und Sie können das Fleisch auspulen.

Typische Fingergerichte sind

- Austern: Muschelfleisch mit der Austerngabel lösen, eventuell mit Pfeffer und Zitronensaft beträufeln und aus der Schale schlürfen
- Muscheln: In die Hand nehmen, mit der Gabel oder einer leeren Muschelschale als Zange das Muschelfleisch herauslösen
- Spareribs, Wachteln: In die Hand nehmen, Fleisch an den Knochen abknabbern
- Artischocken: Blatt für Blatt von außen nach innen abzupfen, in die Sauce dippen und den fleischigen Teil des Blattes abessen

Bei Suppen ist es erlaubt, aus einer Suppentasse zu trinken. Gourmets behaupten, Suppe schmecke am besten in größeren Schlucken und wenn sie richtig heiß sei. Suppenteller dürfen – um sie ganz zu leeren – leicht geneigt werden. Auch ist es erlaubt, Kartoffeln, Spargel, Knödel und Salat mit dem Messer zu schneiden, Eier zu köpfen, mit Brotstückchen Sauce aufzunehmen (besser: Gourmetlöffel benutzen), Brot links neben dem Teller auf das Tischtuch zu legen, wenn kein Brotteller gedeckt ist, Dekorationssalat oder -kräuter mitzuessen, Fisch mit Messer und Gabel zu verspeisen und nach eigener Vorliebe Weiß- oder Rotwein zu trinken. Grundsätzlich trinkt man leichte vor schweren, trockene vor lieblichen, jüngere vor älteren und weiße vor roten Weinen und wechselt nicht mehr zur vorherigen Sorte zurück.
Zwischen den Gängen darf man eine etwas bequemere Haltung einnehmen, etwa den Stuhl leicht(!) zurückschieben oder die Arme auf die Stuhllehne legen. Rauchen ist streng genommen erst nach dem Essen erlaubt.

Gerade bei den Tischmanieren sind die Unterschiede von Land zu Land und von Kultur zu Kultur recht groß, sowohl was die Haltung bei Tisch, die Handhabung des Bestecks als auch die Geräuschentwicklung angeht.
Gepflegten Tischmanieren sind geprägt durch Dezenz, verinnerlichte Disziplin und Selbstbeherrschung. Man verhält sich korrekt, aber nicht steif,

elegant und gleichermaßen entspannt. Gutes Benehmen wirkt natürlich und selbstverständlich, nicht aufgesetzt. Wer das beherrscht, dem wird es nicht schwer fallen, sich bei Bedarf auch in fremde Tischmanieren einzufinden.

Besonderheiten der Buffet-Etikette

So ist es richtig:
- Erst den Platz am Tisch einnehmen, eventuell Getränk bestellen, dann zum Buffet gehen
- Für jeden Gang einen frischen Teller und frisches Besteck benutzen (im gehobenen Restaurant), ansonsten beim Wechsel von Fisch zu Fleisch, Vorspeise zu Hauptgericht, Herzhaftem zu Süßem
- Bei Buffets ist es selbstverständlich, sich mehrmals zu bedienen
- Beim ersten Gang zügig am Buffet bedienen, das verringert die nachfolgende Warteschlange
- Anhand der Menükärtchen vorinformieren, das erleichtert die Entscheidungsfindung
- Bei der Speisenfolge am besten an der üblichen Menüfolge orientieren (kalte Vorspeise, Suppe, warme Vorspeise, Fischgang, Sorbet, Hauptgang, warme Süßspeise, Käse, kalte Süßspeise)
- Gekonnt mit Vorlegebesteck umgehen, denn man hat nur eine Hand zur Verfügung, in der anderen befindet sich der Teller
- Älteren oder gehandicapten Essensteilnehmern Hilfe anbieten

Das bitte nicht:
- Nichts vom Buffet nehmen, bevor es eröffnet ist
- Nicht zum Buffet stürzen und sich von (teuren) Spezialitäten unverhältnismäßig viel nehmen
- Sich nicht an Dekorationen (ganzer Schinken, ganzer Käse, ganze Ananas) zu schaffen machen
- Keine Speisen oder Brot mit den Händen anfassen
- Keine Speisen (z.B. Desserts) auf Vorrat mitnehmen
- Teller nicht zu voll packen
- Nicht (vor-)drängeln
- Nicht selbst zugreifen, wenn am Buffet bedient wird

Bei größeren Gesellschaften, bei (Frühstücks-/Brunch-)Buffets im Restaurant wird üblicherweise nachgelegt, leere Platten werden durch neue ersetzt. Ist das ausnahmsweise nicht der Fall, reicht ein dezenter Hinweis an das Bedienungspersonal. Meist ist auch Besteck für die ersten beiden Gänge sowie die Serviette eingedeckt. Ersatzbesteck und -servietten liegen am Buffet. Sinnvollerweise stehen Teller am Anfang des Buffets, Besteck und Servietten liegen am Ende.
Hinweise zum Ablauf eines offiziellen bzw. Geschäftsessens enthält das Kapitel *Gelungene Veranstaltungen*.
Insgesamt sind gute Umgangsformen Ausdruck persönlicher Kultur und Souveränität, zeigen Stilempfinden, Achtung und Respekt vor anderen, sie sind kein Selbstzweck.

Gastfreundlichkeit

Die freundliche Aufnahme und Bewirtung aber auch der Schutz von eingeladenen Gästen und Besuchern ist von alters her Inhalt der Gastfreundschaft. Je nach Bedeutung des Gastes bzw. des Besuches für die Institution oder das Unternehmen, kann die Gastfreundschaft bereits recht früh einsetzen, z.B. bei politischen Besuchen mit dem Übertritt auf das eigene Territorium (Abholung an der Landesgrenze/auf dem Flughafen).
In der ganz überwiegenden Zahl der Fälle setzt sie jedoch erst im eigenen Bereich (Gebäude, Firmengelände, Konferenzraum) ein. Aber auch dann kann im Vorfeld für die Annehmlichkeit der Gäste gesorgt werden, indem Wegbeschreibungen, Informationsmaterial oder Parkausweise übersandt oder eine Abholung organisiert wird.
Natürlich bietet man seinem Gast nach der Begrüßung einen Platz an (außer beim Stehempfang) und bewirtet ihn der Tageszeit entsprechend mit Getränken oder Essen. Bei einer Gesprächsrunde am Vor- oder Nachmittag genügen alkoholfreie kalte und/oder warme Getränke. Reihenfolge, wenn serviert wird: ranghöchster Gast, Gastgeber, Externe nach Hierarchie, Interne nach Hierarchie. Stellt sich dieses Verfahren als unpraktisch heraus, weil es mit Hin- und Herrennen verbunden wäre, gibt man der Praktikabilität den Vorzug, denn die Störung durch den krampfhaften Versuch, die Reihenfolge

einzuhalten, wiegt in diesem Fall schwerer als die Vernachlässigung des korrekten Services. Um beidem Rechnung zu tragen, hilft nur eine festgelegte Platzordnung.
Höfliche Gäste warten mit dem Verzehr von Speisen und Getränken, bis der Gastgeber sie ausdrücklich dazu auffordert oder als erster zugreift. Mit seiner Aufforderung kann der Gastgeber auch gleichzeitig Hinweise geben, wie *Bitte, bedienen Sie sich selbst* oder *Kaffee und Tee werden Ihnen serviert*. Die bei einer Besprechung kürzlich von einem Gastgeber gemachte Bemerkung *Greifen Sie nur zu, es ist alles bezahlt!*, war so wenig einladend, dass kein einziger Teilnehmer auch nur irgendetwas angerührt hätte.

Praxis-Tipp

Wird bei Konferenzen, Sitzungen oder Besprechungen Kaffee und Tee serviert (weil er nur frisch zubereitet besonders schmackhaft ist), wird der Ablauf am Wenigsten gestört, wenn an jedem Platz ein Kärtchen liegt, dessen Vorder- und Rückseite unterschiedlich gefärbt und beschriftet ist, z.B. Vorderseite rot, Aufschrift: (ich wünsche / trinke / möchte) Kaffee; Rückseite blau, Aufschrift:

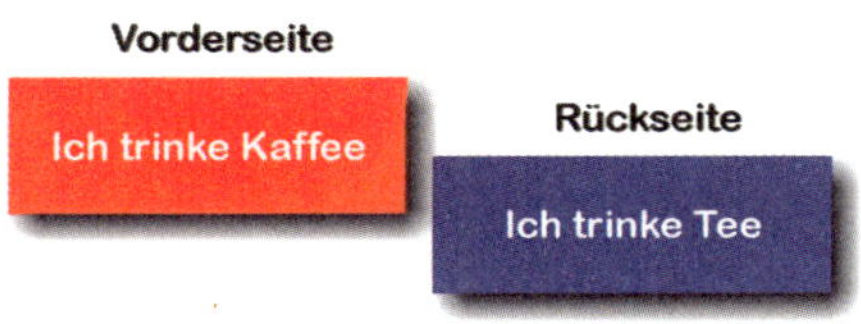

(ich wünsche / trinke / möchte) Tee. Jeder Gast kann das Kärtchen entsprechend seinem Wunsch neben der Tasse platzieren oder ganz wegnehmen für den Fall, dass er weder Tee noch Kaffee möchte. Das Abfragen der einzelnen Teilnehmer entfällt; die Servicekräfte können allein schon an der Farbe der Kärtchen aus einiger Entfernung den Getränkewunsch ablesen, weshalb kräftige, gut zu unterscheidende Farben gewählt werden sollten.
Bei offiziellen Essen sind Speisen- und Getränkefolge festgelegt und aus der Menükarte ersichtlich. Das Servicepersonal schenkt ohne die Gäste einzeln abzufragen beim Gastgeber und Ehrengast beginnend nach und nach die vorgesehenen Getränke ein und serviert die einzelnen Gänge.

Der Service erfolgt vom Gastgeber und vom Ehrengast aus rangabwärts; Frauen werden nicht generell – wie es beispielsweise bei privaten Restaurantbesuchen üblich ist – zuerst bedient. Bei größeren Geschäftsessen empfiehlt sich dieser (reibungslose und störungsfreie) Ablauf auch, insbesondere wenn der Zeitplan dicht gedrängt ist, oder das Essen zur Arbeitsbesprechung genutzt wird.

Beim Reichen alkoholischer Getränke, z.B. bei einem Sektempfang, sollten immer auch ausreichend alkoholfreie Getränke (Mineralwasser, Fruchtsaft) mitangeboten werden. Eventuell dazu gereichte Beköstigung sollte gut zu handhaben sein. Süße und herzhafte Teilchen in Mini-Ausführung sind ideal. Obstschalen mit ganzen Früchten sind sicher gut gemeint und sehen schön aus, aber niemand greift während einer Besprechung zu Apfelsine oder Banane, pellt und verzehrt sie, auch nicht mit Teller und Obstbesteck. Lediglich zu Trauben und Erdbeeren wird hin und wieder gegriffen. Wenn Sie Vitaminreiches anbieten wollen, sollte es Obst in mundgerechten Stücken oder Obstsalat sein.

Vermeiden Sie alles, was Ihre Gäste in Verlegenheit bringen könnte, z.B. durchweichte Kanapees; sie rutschen aus der Hand auf Kleidung oder Fußboden. Schinkenscheiben als Belag sind ebenfalls problematisch, weil sie sich schlecht durchbeißen lassen, dann mit den Zähnen vom Unterteil gezogen werden und wie eine Zunge am Kinn herunterhängen. Mohn und Kräuter auf Brötchen hinterlassen schwarze Punkte zwischen den Zähnen. Fettiges und Zuckriges verursacht klebrige Hände. Zu kleinen Fläschchen Trinkjoghurt sollten Trinkhalme oder Gläser gereicht werden.
Bei längeren Konferenzen hat es sich bewährt, Getränke und Beköstigung auf separaten Beistelltischen anzurichten. Das hat den Vorteil, dass nicht an jedem Platz Tasse, Teller, Besteck, Glas, Getränke usw. stehen und die Konferenzteilnehmer sich nicht gegenseitig Getränke und Beköstigung anreichen müssen, mehr Platz für die Unterlagen vorhanden ist und eine bunte Vielfalt an Beköstigung geboten werden kann. Zudem empfinden es die Teilnehmer bei längeren Konferenzen als angenehm, hin und wieder aufstehen zu können.

Besondere Rücksichten sind zu nehmen, wenn Gäste anderer Religionszugehörigkeit anwesend sind; für sie gelten möglicherweise Einschränkungen beim Verzehr bestimmter Nahrungsmittel und beim Alkohol. Das

gleiche gilt, wenn Sie um Allergien Ihrer Gäste wissen. Für Vegetarier vorzusorgen ist mittlerweile zur Selbstverständlichkeit geworden; das stellt keinen Partyservice oder Gastronomen vor besondere Probleme.
Zu denken ist auch an eine Raucher/Nichtraucher-Regelung, denn viele Nichtraucher betrachten es als Zumutung, wenn nicht gar als Bedrohung ihrer Gesundheit, wenn sie bei Besprechungen oder Konferenzen stundenlang Zigarettenrauch ausgeliefert sind. Raucher brauchen zu ihrem Wohlbefinden demgegenüber ihre Zigaretten, sind jedoch meist mit der Einrichtung regelmäßiger Raucherpausen zufrieden.

Smalltalk

Ob Sie Smalltalk mögen oder nicht, er hat eine wichtige Funktion: Er ist je nach Situation Einleitung für Gespräche, Eisbrecher bei Begegnungen oder einfach nur angenehmer zwischenmenschlicher Kontakt. Smalltalk zu beherrschen macht sympathisch und gehört – genau wie der freundliche Gruß – zur Grundausstattung eines kommunikativen Menschen.

Die leichte Unterhaltung mit Stil und Esprit ist in anderen Ländern weit verbreitet, während den Deutschen der Ruf vorauseilt, lieber Tagesordnungen

abzuhandeln und Fachgespräche zu führen. Smalltalk wird hierzulande oft als lästiges „Wettergespräch“ missverstanden, das oberflächlich und deshalb entbehrlich ist.
Bei Treffen oder Konferenzen nach dem Gruß wortlos zu Tagesordnungspunkt 1 überzugehen oder sich vor tiefgehenden ernsten (Fach-)Gesprächen minutenlang anzuschweigen irritiert und schafft keine angenehme Atmosphäre. Aber gerade die ist wichtig, um gute Gesprächsergebnisse zu erzielen, Beziehungen zu knüpfen oder zu pflegen. Durch Smalltalk lernen Sie zudem die kommunikativen Fähigkeiten des Gesprächspartners, seine Vorlieben, Abneigungen, gemeinsame Interessen, Persönliches und vieles mehr kennen. Das wiederum hilft, die richtige Gesprächsstrategie zu wählen.
Smalltalk ist eine leichte angeregte Unterhaltung, bei der unverkrampft unkomplizierte Themen angesprochen werden. Art und Weise, Sprachniveau und Themen werden dabei den Gesprächspartnern, der Situation und dem eigenen Image angepasst.

So funktioniert Smalltalk:

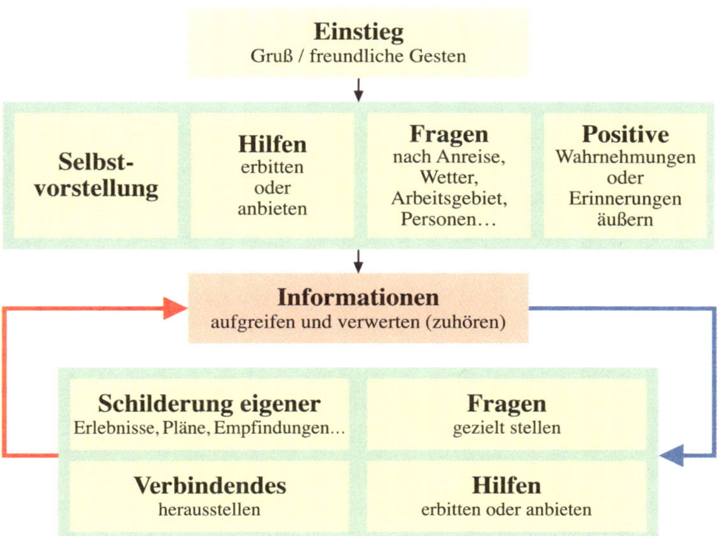

Smalltalk fällt am leichtesten, wenn er mit einem freundlichen Lächeln, einem passenden Gruß und einer offenen zugewandten Körperhaltung, Gestik und Mimik eröffnet wird. Je nach Situation ist es sinnvoll, sich als Einstieg selbst vorzustellen, beispielsweise bei Geschäftskontakten. Bei Zusammenkünften, wie Veranstaltungen, Seminaren o.ä. kann man etwa um kleine Hilfen bitten *Können Sie mir bitte sagen, wo ich dies und jenes finde, ich bin zum ersten Mal hier? Können Sie mir bitte die Teekanne reichen, danke. Tee ist mein Lieblingsgetränk bei diesem Wetter!* oder selbst Hilfen anbieten *Sie suchen sicher den Veranstaltungsraum! Es ist etwas kompliziert, ihn zu finden. Ich zeige Ihnen gerne den Weg.*
Fragen sind natürlich ein gutes Mittel, ein Gespräch in Gang zu bringen *Wie geht es Ihnen? Haben Sie sich wieder von Ihrer Erkältung erholt? Wie war die Anreise? Hat Ihnen die Wegbeschreibung geholfen, unsere Firma gut zu finden?* Sie signalisieren Interesse am anderen. Doch Vorsicht, zu viele Fragen hintereinander könnten als Verhör empfunden werden.
Positive Wahrnehmungen äußern, Komplimente oder Lob sind ebenfalls probate Mittel zur Gesprächseröffnung *Sie haben ein sehr schönes Firmengebäude, ich mag diese außergewöhnliche Architektur.* Einzige Bedingung: Es muss ehrlich gemeint sein! Auch der Rückblick auf gemeinsam Erlebtes ist ein guter Gesprächsanfang *Erinnern Sie sich noch an unsere letzte Tagung, als …*
Smalltalk lebt von der schnellen Folge des wechselseitigen Redens und Zuhörens. Antworten Sie nicht einsilbig. Geben Sie Hinzukommenden die Gelegenheit, sich in das Gespräch einzuklinken. Wichtig ist, dass Sie in Ihrem Gesprächsteil Informationen geben, die ein anderer aufgreifen und verwerten oder an die er anknüpfen kann: *Ach, Sie sind zum ersten Mal hier? Ich hoffe, Sie haben etwas Zeit eingeplant, die Stadt näher kennen zu lernen. Ich kann Ihnen gerne einige Tipps geben.*

Empfehlenswerte Themen für Smalltalk sind: Hobbys, Freizeit, Kunst, Kultur, Theater, Konzert, Kino, Sport, Berufliches, Familie, Haustiere, Reisen, Sehenswürdigkeiten, Aktuelles, die gegenwärtige Zusammenkunft Betreffendes (Ort, Anlass, Umgebung…). Vorsicht bei den Themen Politik, Religion, Krankheiten. Tabu sind persönliche Probleme, Betriebsinterna und „Reiz"-

Themen. Smalltalk wirkt auf der emotionalen Ebene und soll positiv einstimmen. Deshalb unterlässt man negative Äußerungen und Gesprächskiller (*Das interessiert mich nicht!*), wird nicht zynisch oder sarkastisch. Übrigens: Auch Monologe sind Gesprächskiller! Und wer hat schon Lust, einen Witz nach dem anderen zu hören? Auch Anzügliches und plumpe Vertraulichkeiten, Überheblichkeit und Fachsimpelei, Besserwisser und Hochstapler, Angeber und Miesmacher kommen selten gut an.
Wechseln Sie öfter mal das Thema; das ist leicht zu bewerkstelligen, macht den Smalltalk interessant und kurzweilig und kann ausgesprochen förderlich sein. Wenn Ihnen z.B. das Thema Familie nicht liegt, sollten Sie geschickt überleiten: *Für die Familie bleibt im Moment wenig Zeit, ich bin beruflich stark engagiert. Ich habe glücklicherweise einen Job, der mir sehr viel Spaß macht, und zwar…* Geübte Smalltalker werden das Thema Familie dann aussparen.
Üblich und deshalb nicht unhöflich ist es auch, den Gesprächspartner zu wechseln: *Da sehe ich gerade Frau Soundso. Mit ihr möchte ich noch etwas besprechen. Viel Erfolg bei Ihrer Präsentation morgen und einen schönen Abend!*
Garant für eine angeregte Unterhaltung ist das echte Interesse am anderen und die Bereitschaft, etwas über sich und die eigenen Lebensumstände preiszugeben.

Smalltalk mit Ausländern erfordert besondere Sensibilität. Reisen Sie in ein fremdes Land, ist es unerlässlich, sich nach den Begrüßungsgepflogenheiten und Tabu-Themen zu erkundigen. Von Land zu Land und von Kultur zu Kultur sind die Unterschiede bisweilen recht stark. Bei ausländischen Besuchern – insbesondere bei politischen oder Wirtschaftsdelegationen – erlebe ich oft, dass sie sich den Gepflogenheiten des Gastlandes anpassen. Gleichwohl empfinden sie es als besondere Geste, wenn auf ihre Empfindungen, die aus den jeweiligen Sitten und Gebräuchen, den Moralvorstellungen und Gesellschaftsnormen resultieren, Rücksicht genommen wird. So wird ein Japaner positiv vermerken, wenn Sie ihn mit einer Verbeugung begrüßen, seine Visitenkarte mit beiden Händen entgegennehmen und die ihre ebenso reichen, bevor der Smalltalk beginnt.

Ein Amerikaner wird es als äußerst angenehm empfinden, wenn man ihn nicht ständig mit Händeschütteln drangsaliert, sondern mit leichter Unterhaltung begrüßt. Ein Südländer ist temperamentvoll und schließt gerne neue Bekanntschaften, ein Engländer liebt es, wenn man auf seinen Humor eingeht.

Es kommt stets gut an, einige Worte in der fremden Sprache zu beherrschen, und sei es nur *Herzlich willkommen, Guten Tag, Danke, Bitte, Zum Wohl, Ja, Nein, Auf Wiedersehen.* Lassen Sie sich die Gelegenheit nicht entgehen, sich *aus erster Hand* über ein fremdes Land zu informieren, Unterschiede und Gemeinsamkeiten zu finden; das fördert die Allgemeinbildung, erweitert den Horizont und ist ein gutes Smalltalk-Thema.

Beim Smalltalk gilt – wie im gesamten Bereich des zwischenmenschlichen Umgangs: Übung macht den Meister! Gelegenheit gibt es täglich. Mit jedem Satz Smalltalk erfahren Sie etwas von Ihrem Gegenüber, an das Sie anknüpfen können. Sie können Verbindendes und beiderseits Interessierendes nach und nach entdecken, neue Bekanntschaften, Geschäftskontakte und Freundschaften schließen.

Verabschiedung

Zu einer angenehmen Erinnerung an die Begegnung trägt nicht nur die Begrüßung und der gesamte Ablauf, sondern vielleicht mehr noch die Verabschiedung bei; sie muss zum Gesamtbild passen. Die Grundregel, von der es natürlich begründete Ausnahmen geben kann, ist: Ich verabschiede wie ich begrüßt habe. Habe ich einen Gast am Flughafen abgeholt, bringe ich ihn auch wieder dorthin, habe ich ihn am Eingang begrüßt, geleite ich ihn auch wieder zurück. Fällt die Verabschiedung gegenüber der Begrüßung zu stark ab, ist der letzte Eindruck des Gastes womöglich ein negativer. Er könnte es als Zeichen der Missachtung oder der Unzufriedenheit mit dem Gesprächsverlauf deuten.

Selbst bei unbefriedigendem Verlauf der Begegnung gebietet es allein schon die Selbstachtung, es an der gebotenen Form nicht fehlen zu lassen. Stilvolles Verhalten ist man zuallererst sich selbst bzw. dem repräsentierten Bereich schuldig.

Graduelle Unterschiede in der „Wahrnehmung“ von Gästen

Bei der Entscheidung *Wie behandele ich welchen Gast, Gesprächs- oder Geschäftspartner?* kann man als Kriterien die Art des Besuches, den Rang des Gastes und den eigenen Rang heranziehen.

Im staatlichen Bereich gibt es die Abstufung zwischen Staatsbesuchen, das sind Besuche eines Staatsoberhaupts auf Einladung eines anderen Staatsoberhaupts, offiziellen Besuchen, z.B. von Regierungschefs, Arbeitsbesuchen, Antrittsbesuchen usw. und korrespondierend hierzu die Abstufung in der Wahrnehmung (Ehrenbezeigungen und Ausgestaltung des Besuchsprogramms): Wird bei einem Staatsbesuch noch eine Ehreneskorte von fünfzehn Motorrädern gestellt, so sind es bei einem Arbeitsbesuch maximal sieben, erstrecken sich Staatsbesuche noch auf mehrere Tage und mehrere Orte, so sind Arbeitsbesuche oft nach einigen Stunden am selben Ort schon beendet. Sind bei Staatsbesuchen Gespräche mit den obersten Repräsentanten und festliche Banketts vorgesehen, so beschränken sich Arbeitsbesuche auf einen oder wenige Gesprächspartner und evtl. Arbeitsessen. Abstufungen werden auch beim (Begrüßungs-)Zeremoniell, der Ehrenbegleitung, Beflaggung oder dem Geschenkaustausch vorgenommen. Die Nuancen in der Ausgestaltung der Besuche werden an die politische Ausgangslage und die Zielvorstellungen angepasst.

Auch im lokalpolitischen oder unternehmerischen Bereich tut man gut daran, die Ausgestaltung von Besuchen der Ausgangslage und den Zielvorstellungen anzupassen. Bei offiziellen Besuchen, die in aller Regel auf eine förmliche Einladung oder Anmeldung hin erfolgen und dem gesamten repräsentierten Bereich (Kommune, Unternehmen, Verband, Organisation) gelten, sollte man über Abholung, Geleit, Begrüßungskomitee, Eintrag ins Gästebuch, Geschenk, Beflaggung / Dekoration, festlicher Empfang / Essen und Medienbeteiligung nachdenken, bei Gesprächsterminen genügt der freundliche Empfang durch eine(n) Assistenten/in. Antrittsbesuche erfolgen etwas förmlicher (evtl. Abholung, Gästebuch, Fototermin). Sie dienen der ersten Kontaktnahme, des Sich-Kennen-Lernens und des Meinungsaustauschs, wobei gegenseitig Hilfen erbeten oder Unterstützung angeboten werden können.

Die Initiative für offizielle Besuche kann sowohl von Gastgeber- als auch von Gastseite erfolgen. Das *Ob, Wann und Wie* wird üblicherweise auf Arbeitsebene vorbesprochen.
Im Allgemeinen werden Ranghöhere – gemessen am Rang des Gastgebers – erwarten, dass für sie eine Abholung beispielsweise am Flugplatz oder Bahnhof organisiert ist und dass man sie am Eingang des (Firmen-)Gebäudes selbst erwartet und nicht durch den Pförtner begrüßen lässt. Stellt man Mitarbeitende für diese Aufgabe ab, wird der Gast an dessen Hierarchiestufe die eigene Wertschätzung ablesen.
Ich selbst bin schon von Botschaftern, die ich abgeholt habe, gefragt worden, welchen Dienstgrad und welche Funktion ich inne hätte und ob ich bei dem anschließenden Gespräch anwesend sei. Das ist verständlich; sie wollten einfach herausfinden, ob ich *nur* Abholservice oder kompetente Ansprechpartnerin bin.

Besondere Aufmerksamkeit gilt den Ehrengästen, indem man die Vorfahrt bis zum Eingang sicherstellt, persönlich dort begrüßt, evtl. ein Ehrengeleit durch das Protokoll oder leitende Mitarbeitende stellt.

Praxis-Tipp

Haben Sie hochrangige Gäste oder Ehrengäste, insbesondere solche, die Sie noch nicht persönlich kennen, zu Veranstaltungen, Essen o.ä. eingeladen, empfiehlt es sich, eine erste Begegnung in kleinem Kreise der Veranstaltung unmittelbar voranzustellen. Es ist weder für Gastgeber noch für Ehrengäste angenehm, sich erstmals bei Veranstaltungen kennen zu lernen. Viel höflicher und zweckmäßiger ist es, zuvor in einem separaten Raum – das kann auch das Büro oder ein Besprechungsraum des Gastgebers sein – eine kurze Begegnung einzurichten, um dann gemeinsam zur Veranstaltung zu gehen.

Als besondere Geste gilt es, Gäste zu bitten, sich ins Gästebuch oder Goldene Buch einzutragen.

Geschenke

Das Schenken hat eine lange Tradition und ist einem Sprichwort zufolge auch geeignet, die Freundschaft zu erhalten.
Geschenke können aber auch in Verlegenheit bringen, weshalb im offiziellen Umgang bestimmte Regeln gelten: So wird ein Geschenkaustausch nicht

dem Zufall überlassen, sondern vorher auf Arbeitsebene zwischen Gastgeber- und Gastseite besprochen, auch was den Wert angeht. Deshalb verpflichtet ein nicht verabredetes Gastgeschenk auch nicht zu einem Gegengeschenk. Ganz allgemein schenkt man nicht *von unten nach oben*, Geschenke *von oben* können aber erwidert werden. Bei reinen Arbeitsbesuchen findet im Allgemeinen kein Geschenkaustausch statt.

Diese strengen Regeln gelten nicht für kleine Mitbringsel oder Souvenirs, wie Wappenteller; Wimpel; die eigene Kommune, Firma usw. darstellende Bildbände.

Es ist nicht üblich, zu offiziellen Empfängen, Essen und Veranstaltungen Gastgeschenke mitzubringen, Geburtstagsempfänge einmal ausgenommen. Bei Geburtstagen wird vermehrt darum gebeten, von persönlichen Geschenken absehen zu wollen und stattdessen für einen guten Zweck zu spenden. Das kann per Überweisung oder Scheck wie auch durch Bargeld geschehen. Vernünftigerweise steckt man Scheck oder Bargeld mit einer Visiten- oder Grußkarte versehen in einem Umschlag und übergibt ihn dem Geburtstagskind oder wirft ihn in eine beispielsweise dafür vorgesehene Box.

Ganz allgemein sollten Gastgeschenke sorgfältig ausgesucht und auf den zu Beschenkenden abgestimmt, dem Anlass und der Beziehung angemessen, nicht zu üppig, persönlich und verpflichtend sein. Sie sollen Freude bereiten, nicht aufdringlich, anbiedernd oder peinlich wirken. Der Schenker weist sich und die von ihm repräsentierte Institution damit aus.

Als Gastgeschenke ungeeignet sind die typischen Werbegeschenke, wie Plastikkugelschreiber mit Firmenaufdruck usw.; sie dienen in erster Linie der Publicity.

Mit der Verpackung können Sie jedem Geschenk eine persönliche Note verleihen und seine Attraktivität steigern. In Japan beispielsweise gehört die kunstvolle Verpackung unbedingt dazu.

Korrekt in der Anrede

Korrekt in der Anrede

Im allgemeinen privaten Umgang werden – einer Umfrage des Magazins *Stil & Etikette* aus dem Frühjahr 2002 zufolge – Fehler in der Anrede lediglich von acht Prozent der Befragten als sehr bzw. ziemlich störend empfunden. Es ging bei dieser Umfrage allerdings auch nicht um Feinheiten; denn im oberen Viertel der Benimmsünden stand beispielsweise: *Bei Tisch rülpsen oder schmatzen, auf der Straße ausspucken* oder *sich in der Öffentlichkeit in der Nase bohren oder im Ohr rumpulen.*

Von Repräsentanten des öffentlichen Lebens wird meiner Erfahrung nach mit steigendem Grad der Offizialität der Situation eine höhere Sensibilität in Bezug auf die korrekte Anrede erwartet. Dies gilt insbesondere bei der Begegnung mit ausländischen Amts- und Funktionsträgern.

Name oder Funktion – was ist wichtiger?

Im privaten oder gesellschaftlichen Bereich ist eindeutig der Name das Wichtigste bei der Anrede. Im offiziellen Bereich tritt eher Amt oder Funktion in den Vordergrund.

Bei Frauen kann man sich heute nicht mehr mit *Gnädige Frau* durchmogeln, sondern auch hier gilt es, sich Namen zu merken. Die Anreden *Junge Dame* oder *Fräulein* finden in der heutigen Zeit kaum mehr Akzeptanz. Überhaupt empfiehlt es sich, mit dem Begriff *Dame* vorsichtig umzugehen. Früher war eine Dame die Ehefrau eines Herrn der Oberschicht, eine *Frau* ordnete man der unteren Schicht zu. Durch die Emanzipationsbewegung hat sich diese Sprachnorm fast ins Gegenteil verkehrt, jedenfalls hat der Begriff *Frau* eine enorme Aufwertung erfahren. Die Anrede *Dame* kann ohne Risiko bei Anreden im Plural noch verwendet werden, beispielsweise *sehr geehrte Damen und Herren* oder *… Damen und Herren Abgeordnete …*

Mit der Frage, ob Frau oder Dame die angemessene Anrede sei, sind auch schon Gerichte befasst worden:

Eine Klägerin erhob Anspruch darauf, nicht mit Frau, sondern mit Dame angesprochen zu werden. Frau sei eine Geschlechtsbezeichnung, ebenso wie Mann, aber Männer würden mit Herr angeredet. Insofern fordere sie Gleichbehandlung. Die Richter sahen in der Anrede Frau jedoch keine Diskriminierung. Sie sei nach dem allgemeinen Verständnis und der konkreten

Anwendung der deutschen Sprache der Anrede Herr gleichwertig. Auch wenn sich Einzelne durch diesen Sprachgebrauch verletzt fühlten, sei dies noch keine objektive Diskriminierung.

Gebrauch von Titeln heute

Titel sind alle Bezeichnungen, die Personen ihrem Namen aufgrund rechtlicher Vorschriften beifügen dürfen, z.B.

- Prädikate
- Amts-, Berufs-, Funktionsbezeichnungen
- Ehrentitel
- akademische Grade

Titel werden in der mündlichen Anrede, entgegen früherer Übung, heute nicht mehr durchgängig gebraucht.

Praxis-Tipp

Die richtige Anrede zu treffen, ist nicht immer leicht! Grundsätzlich gilt: Je offizieller oder förmlicher es zugeht, desto eher werden Titel in der Anrede verwandt. Durch ein waches Auge und ein sensibles Gespür lassen sich Fettnäpfchen jedoch umgehen. Beobachten Sie, welche Anreden von anderen gewählt werden, und registrieren Sie die Reaktionen darauf. Wenn Sie dann in ihre Entscheidungsfindung noch die realistische Einschätzung des eigenen Ranges mit einfließen lassen, ist ihr Risiko auf ein Minimum reduziert.
Hat jemand mehrere Titel, so wählt man für die Anrede den höchsten/wichtigsten oder denjenigen, der in der Situation am Treffendsten ist.
Achten Sie darauf, wenn sie Frauen mit ihrem Titel anreden, die weibliche Form des Titels zu verwenden, z.B. Frau Ministerin, Frau Professorin, Frau Konsulin. Dies hat sich allerdings bei dem Doktortitel noch nicht durchgesetzt. Hier heißt es nach wie vor Frau Doktor … (Name).
Zum Thema Anreden und Anschriften gibt es im Buchhandel gute Ratgeber zum Taschenbuchpreis, die getrennt nach Bereichen (Bundespolitik, Landes- und Kommunalebene, Diplomatie, Religionsgemeinschaften usw.) alle wichtigen Ämter und Funktionen auflisten und Empfehlungen zur jeweils rich-

tigen Anschrift, zur mündlichen und schriftlichen Anrede usw. enthalten (s. Weiterführende Literatur).

Ist an ein Amt eine spezielle Würdenbezeichnung – ein Prädikat – gebunden, so wird als Anrede nur das Prädikat verwandt.
Beispiele: *Ausländische* Staatsoberhäupter (nicht die Monarchen), Regierungschefs, Minister und Botschafter tragen nach internationalem Brauch das Prädikat *Exzellenz* und werden auch so angeredet. *Ausländischer* Adel wird mit dem zur Adelsbezeichnung gehörenden Prädikat angesprochen. Als Kaiser oder König gekrönte Staatsoberhäupter tragen das Prädikat *Majestät* (z.B. Königin Elizabeth, Königin Beatrix, König Carl Gustaf), Familienmitglieder erhalten das Prädikat *Kaiserliche/Königliche Hoheit*. Der Großherzog von Luxemburg trägt das Prädikat *Königliche Hoheit*, der Fürst von und zu Liechtenstein das Prädikat *Durchlaucht*.
Auf die Verwendung *deutscher* Adelsprädikate besteht dagegen kein Anspruch:
Artikel 109 Abs. 3 der Weimarer Reichsverfassung hat öffentlich rechtliche Vorrechte der Geburt aufgehoben und bestimmt, dass Adelsbezeichnungen wie Prinz, Graf, Gräfin, Freiherr usw. nur noch als Bestandteile des Familiennamens gelten und nicht mehr verliehen werden dürfen.
Es besteht demnach keinerlei Anspruch auf Verwendung der *deutschen* Adelsprädikate, die den Angehörigen adliger Familien vor 1919 zustanden, wie Königliche Hoheit, Durchlaucht, Erlaucht usw.
Die korrekte Anrede für den *deutschen* Adel im gesellschaftlichen Bereich besteht aus der Adelsbezeichnung (Prinz, Fürstin, Graf usw.) und dem Namen, z.B. Graf Matuschka. Herr oder Frau fallen weg! (Die Prädikate können noch als reine Höflichkeitsform in der mündlichen Anrede oder im Schriftverkehr benutzt werden.)
Die Anrede Herr Graf ist korrekt bei einem Herrn, der Graf mit Nachnamen heißt, nicht jedoch bei einem Adligen. Dort hätte es einen Beiklang von Unterwürfigkeit, weil eine solche Anrede typischerweise von Dienstboten und Hausangestellten verwendet wurde.
Die Anrede einer Freifrau oder eines Freiherrn ist: *Frau von …* oder *Herr von …*

Praxis-Tipp

Wer sich bei der Anrede von Adligen nicht sicher ist, tut gut daran, sich in deren Büro oder auch bei den Betreffenden selbst nach der gewünschten Anrede zu erkundigen. Die Vorlieben sind durchaus unterschiedlich, mal wird die Adelsbezeichnung in Verbindung mit dem Vornamen, mal mit dem Nachnamen bevorzugt. Sie beweisen mit ihrer Nachfrage also nicht Unkenntnis, sondern eher Sensibilität, ein gewisses Grundwissen natürlich vorausgesetzt.

Prädikate, wie Magnifizenz für Universitätspräsidenten oder Spektabilität für Dekane, sind nicht mehr gebräuchlich, auch von der Anrede Eminenz für Kardinäle und Exzellenz für Bischöfe wird eher zurückhaltend Gebrauch gemacht. Ebenso verhält es sich mit den früher im kirchlichen Bereich üblichen Prädikaten *Hochwürdigster Herr* und *Hochwürden*. Der Papst trägt das Prädikat *Heiligkeit*. Die innerkirchliche Anrede ist *Heiliger Vater*, Patriarchen des orientalischen Ritus tragen das Prädikat *Seligkeit*.

Im Allgemeinen ist ein Trend erkennbar, das Prädikat nicht mehr durchgängig und in jedem Fall zu verwenden. Sind die Gesprächspartner in etwa gleichrangig, wird aus Exzellenz schnell Herr Botschafter. Ähnliches lässt sich bei Interviews oder Talk-Shows beobachten. Hier wird selbst auf die Frage nach der korrekten Anrede von den Betroffenen geantwortet, man möge sie mit ihrem Namen ansprechen.

Die Inhaber öffentlicher Ämter mit ihrer Amtsbezeichnung anzureden, ist bei uns in Deutschland in den letzten Jahren zunehmend seltener geworden. Praktiziert wird es noch bei Inhabern hoher Ämter auf Bundes-, Landes- oder Kommunalebene, wie ebenso im diplomatischen Bereich. Wenn die Amtsbezeichnung gebraucht wird, steht sie allein, es heißt: Herr Bundespräsident, nicht: Herr Bundespräsident Dr. Rau. Wenn mehrere Personen mit dergleichen Amtsbezeichnung anwesend sind, beispielsweise mehrere Ministerpräsidenten, kann es – um Verwechselungen zu vermeiden – ratsam sein, den Namen hinzuzufügen. Die Amtsbezeichnung Professor wird zusammen mit dem Namen gebraucht.

Ob man als Bediensteter den eigenen Behördenchef mit seiner Amtsbezeichnung anredet, kommt auf die jeweiligen Gepflogenheiten an bzw. darauf, welche Anrede vom Chef bevorzugt wird.

Eine wenig im öffentlichen Bewusstsein befindliche Regel besagt, dass ehemalige Amtsträger zwar mit dem Zusatz a. D. (außer Dienst) angeschrieben werden, dass dieser Zusatz in der mündlichen Anrede aus Höflichkeitsgründen weg gelassen wird, d.h. dass ehemalige Bundespräsidenten, Bundeskanzler usw. auch nach ihrem Ausscheiden noch mit ihrer letzten Amtsbezeichnung angeredet werden können.
Die Anrede mit den akademischen Graden Doktor und Professor/in ist noch sehr gebräuchlich. Akademische Grade werden durch Erbringung einer wissenschaftlichen Leistung erworben, können aber auch ehrenhalber verliehen werden, wie beispielsweise Doktor h.c. Dieser Zusatz h.c. wird bei der Anrede nicht mitgenannt. Akademische Grade werden in der Anrede mit dem Namen verbunden, z.B. Frau Doktor Schmidt oder Herr Professor Meier. Von mehreren akademischen Graden wird nur der höchste in der Anrede gebraucht, also Frau Professorin Meier (nicht: Frau Professorin Dr. Meier). Beim Schriftverkehr werden Titel, wie beispielsweise Professor, in der schriftlichen Anrede nicht abgekürzt sondern ausgeschrieben.
Professor/in kann jemand sein, der seinen Titel durch Habilitation (Universitätsprofessor/in), durch Verleihung für besondere Verdienste (Ehrentitel Professor/in) oder als Amtsbezeichnung (Lehrender an einer Hochschule) erworben hat.
Die Länder haben die Befugnis, eigene Ehrentitel, wie *Professor/in, Kammerschauspieler/in, Kammersänger/in, Justiz-, Sanitäts- oder Ökonomierat/rätin* zu verleihen. Dass jemand in der direkten persönlichen Anrede mit *Frau Kammerschauspielerin* oder *Herr Kammersänger* angeredet wird, ist eher die Ausnahme, bei *Justizrat/rätin* und *Sanitätsrat/rätin* nur in offiziellem Umfeld. Beim Vorstellen oder im Begrüßungsteil von Ansprachen kann die Erwähnung sinnvoll sein. Der Ehrentitel *Professor/in* hat jedoch durchweg Eingang in die persönliche Anrede gefunden.
Auch die von Religionsgemeinschaften verliehenen Ehrentitel finden in aller Regel Eingang in die Anrede, z.B. Prälat.
Berufs- oder Funktionsbezeichnungen werden in der Anrede eher selten gebraucht, es sei denn es geht sehr förmlich zu. Bei Gericht heißt es natürlich *Herr Rechtsanwalt* oder bei Sitzungen *Frau Präsidentin* oder *Herr Vorsitzender.*

Auch hier gibt es noch eine Regel, die nicht mehr im öffentlichen Bewusstsein ist. Bei Vizepräsidentinnen und -präsidenten oder Stellvertretenden Vorsitzenden fällt aus Höflichkeitsgründen das *Vize* oder *Stellvertretende* weg.
Bei längeren Amts-, Berufs- und Funktionsbezeichnungen wird eine Kurzform benutzt, z.B. Frau Ministerin (nicht: Frau Ministerin für Inneres und Sport), Herr Bundestagspräsident (nicht: Herr Präsident des Deutschen Bundestages).
Überall dort, wo Namensschilder aufgestellt werden, bei Podiumsdiskussionen oder Pressekonferenzen etwa, hat sich der Trend dahin entwickelt, entweder nur den Namen oder allenfalls noch als Zusatz Amt, Beruf oder Funktion zu erwähnen.

Bei manchen Zusammenkünften ist es sinnvoller, Institutionen und nicht Personen auszuweisen, insbesondere dann, wenn die Teilnehmer erst kurzfristig feststehen.

GELUNGENE VERANSTALTUNGEN

Gelungene Veranstaltungen

In diesem Kapitel möchte ich auf einige wissens- und beachtenswerte Dinge aus der Praxis hinweisen; es ist nicht meine Intention, eine komplette Veranstaltungsorganisation von A bis Z zu beschreiben. Wer für Organisationsaufgaben die nötigen Fachkräfte nicht zur Verfügung hat, kann eine Event-Agentur damit beauftragen.

Konzeption

Repräsentationsveranstaltungen dürfen nicht den Charakter von „Freibierveranstaltungen" annehmen. Es werden allgemeine, also Unternehmens-, Verbands- oder Steuergelder eingesetzt, d.h. solche Ausgaben müssen immer durch firmen- oder (gesellschafts-)politische Ziele gerechtfertigt sein. Deshalb sind zunächst Fragen, wie:
- Was ist Ziel oder Anlass?
- Wen will ich erreichen?
- Welche Botschaft soll transportiert werden?
- Wer soll die Rolle des oder der Gastgebenden übernehmen?
- Welches Budget ist angemessen?

zu klären. Bereits in der frühen Phase der Konzeption müssen Strukturen geschaffen werden, sonst geraten alle Planungen ins Diffuse. Dreh- und Angelpunkt dabei ist der Gastgeber mit all seinen Rechten und Pflichten.
Mögliche Ziele: Empfänge beispielsweise dienen dem Informationsaustausch und der Kontaktpflege. Motive für Besuche sind die Knüpfung offizieller Kontakte, Meinungs- und Erfahrungsaustausch, aber auch das persönliche Kennenlernen. Aufwändiger von der Organisation und vom Budget her gesehen sind kulturelle Veranstaltungen, etwa Ausstellungen. Durch hochrangige Schirmherren oder Ehrengäste sind sie meist mehr öffentlichkeits- und medienwirksam, können der Imagebildung (z.B. Förderung von Nachwuchs-Künstlern) oder auch Marketingzwecken dienen.
Viele Veranstaltungen *ergeben* sich, weil es beispielsweise üblich ist, zu bestimmten Anlässen einzuladen oder im offiziellen Bereich Repräsentanten gebeten werden, aus bestimmten Gründen (Besuche von hochrangigen in- oder ausländischen Delegationen, bedeutenden Kongressen oder Tagungen, Ehrungen wegen besonderer sportlicher, kultureller, ehrenamtlicher oder

zwischenmenschlicher Leistungen) Veranstaltungen auszurichten. Daneben ist es sicher lohnenswert, in diesem Bereich kreativ zu werden, denn auch mit Veranstaltungen können Botschaften wirkungsvoll transportiert werden. Man kann sich einem speziell definierten Personenkreis präsentieren, sich öffnen und Gelegenheit geben, den persönlichen Kontakt zu erleben, der oft einen ganz anderen, intensiveren Eindruck hinterlässt als der durch Vermittlung von Medien, wie Presse, Internet, Funk und Fernsehen.

Diese Überlegungen waren Grundlage für eine vor Jahren ins Leben gerufene Veranstaltungsreihe des Ministerpräsidenten mit dem Titel „Kunst – Kontakt – Staatskanzlei". Hierbei wurde saarländischen Nachwuchskünstlern die Möglichkeit zu Ausstellungen oder Auftritten gegeben. Es wurden jeweils unterschiedliche Zielgruppen (z.B. Jugendliche, Sporttreibende, Kommunalpolitiker, Gastronomen) eingeladen. Ziel der Veranstaltungsreihe war, die Staatskanzlei zu öffnen, den Kontakt der Gäste untereinander herzustellen, Gemeinsamkeiten und das Verbindende herauszustellen, den Gästen zu ermöglichen, sich mit dem Ministerpräsidenten und Regierungsmitgliedern zu unterhalten. Für die Politiker war es ein Weg, sich auf direkte Art zu informieren.

Im nächsten Schritt ist zu überlegen, welche Art der Veranstaltung zu meinem Anlass oder Ziel passt; sie sollte weder zu aufwändig noch zu schlicht ausfallen.
Die einzelnen Veranstaltungsarten variieren in ihrer Ausgestaltung stark, sind aber dennoch auf die beiden Grundtypen „Empfang" (im Stehen) und „Saalveranstaltung" (im Sitzen) zurückzuführen. Meist ist eine Kombination von beiden sinnvoll.
Anschließend ist der ideale Zeitpunkt (auch im Hinblick auf konkurrierende Veranstaltungen, Ferienzeiten, Verfügbarkeit von Ehrengästen, Rednern, Künstlern etc.) und ein adäquater Veranstaltungsort zu bestimmen.
Die Auswahl des Veranstaltungsortes richtet sich nach Art, Anlass und Zielsetzung der Veranstaltung, dem vorgesehenen Gästekreis, dem Budget und dem dafür gewünschten oder angemessenen Ambiente. Orte von historischer oder symbolischer Bedeutung eignen sich besonders für hochrangige Ereig-

nisse, Gedenkveranstaltungen, Jubiläen, Jahrestage usw. Die Empfangsräume am Amtssitz oder die Residenz – im privaten Bereich die Einladung nach Hause – genießen die höchste Wertschätzung, selbst dann, wenn angemietete Räume schöner und prunkvoller sind.
Muss mit Vorgaben, z.B. hinsichtlich Zeit, Ort, Gästekreis, Anlass usw. gearbeitet werden, so sind die kreativen Elemente auf die bereits vorgegebenen abzustimmen. Wenn Rahmenprogramm, Beköstigung u.ä. nicht zur Tageszeit, zum Ort oder Anlass passen, wird auch das vorher definierte Ziel der Veranstaltung verfehlt.

PRAXIS-TIPP
Steht oder fällt die Veranstaltung mit der Zu- oder Absage von wichtigen Teilnehmern, Ehrengästen, Rednern, Künstlern usw., so ist unbedingt – bevor die allgemeinen Planungen beginnen – mit den Betroffenen abzuklären, ob Gelegenheit zur Teilnahme besteht oder eine Einladung angenommen würde.

(Steh-)Empfänge
Zu den häufigsten Veranstaltungen gehören sicherlich die Empfänge. Sie sind für die unterschiedlichsten Anlässe wie ebenso für größere und kleinere Gästegruppen gleichermaßen geeignet. Traditionell sind beispielsweise die Neujahrsempfänge, üblich sind Empfänge aus Anlass von Ehrungen, sei es für besondere Leistungen oder bei Jubiläen, im Rahmen bedeutender Tagungen, Kongresse oder beim Besuch besonderer Gästegruppen.

Üblicher Ablauf von Empfängen
- Begrüßung der eintreffenden Gäste durch den oder die Gastgeber/in oder bei hochoffiziellen Empfängen durch das Protokoll als verlängertem Arm des Gastgebenden.
- Auch wenn Gastgebende selbst begrüßen, ist anzuraten, dass Mitarbeitende, Vorstandsmitglieder o.ä. bei bedeutenden persönlichen Anlässen auch Familienmitglieder schon beim Eintreffen der Gäste mit anwesend sind. Sie können eingesetzt werden um besondere oder auch auswärtige Gäste zu betreuen, Gäste einander vorzustellen oder ganz allgemein für

Fragen aus dem Gästekreis, beispielsweise zum Ablauf, zur Verfügung zu stehen oder um schnell auf Unvorherzusehendes reagieren zu können.

– Bei größeren Gästekreisen ist es nicht üblich, dass jeder jeden begrüßt. Hier kann man sich auf Bekannte beschränken.

Praxis-Tipp

Da ein vorrangiges Ziel solcher Empfänge der Kontakt untereinander und die Kommunikation ist, sollten die Gäste die Chance nutzen und selbst auch die Initiative ergreifen, andere Menschen kennen zu lernen, indem sie aufeinander zu gehen, sich bekannt machen und einen netten Smalltalk beginnen.

Sie gehen in diesem Fall beispielsweise als Paar auf ein anderes Paar oder eine Gruppe zu, grüßen mit „Guten Tag!". Dann ist es am Herrn, erst sich, dann seine Begleiterin vorzustellen etwa so: „Darf ich mich vorstellen: Ich bin Paul Muster, das ist meine Frau, Ingrid Soundso oder das ist Frau Soundso, meine Lebensgefährtin / meine Freundin / eine Bekannte / eine Kollegin / meine Schwester …" Danach stellt sich das andere Paar bzw. die Gruppe vor. Das Handreichen bei der Vorstellung ist noch sehr verbreitet, die geltenden Regeln (die Hand zum Begrüßen reicht bei gleichem Geschlecht der/die Ältere, bei unterschiedlichem Geschlecht die Dame, im offiziellen oder geschäftlichen Umfeld der/die Ranghöhere) manchmal schwer einzuhalten. Deshalb wird bei einer Gruppe „reihum" die Hand geschüttelt, bei Paaren je nach Situation, wobei jüngeren Männern eine gewisse Zurückhaltung zu empfehlen ist, denn sie haben eigentlich die entgegengestreckte Hand des Älteren bzw. der Dame abzuwarten, es sei denn, sie wären der Ranghöhere. Frauen dagegen sollten sich bewusst machen, dass sie im gesellschaftlichen Bereich stets den höheren Rang gegenüber jedem Mann genießen und deshalb nicht zurückhaltend sein sollten, wenn es um die Begrüßung per Handschlag geht.

Bei Paaren, die sich kennen, funktioniert das Begrüßen per Handschlag am reibungslosesten so: Die Frau geht rechts vom Mann. Die Paare gehen aufeinander zu und grüßen mehr oder weniger gleichzeitig mit „Guten Tag" oder „Hallo" oder Ähnlichem. Dann reichen sich zuerst die Frauen die Hände, wobei streng genommen die Ältere die Initiative zu ergreifen hätte,

dann reichen die Frauen den jeweils anderen Männern die Hand. Zum Schluss begrüßen sich die Männer.
Wer sich näher mit Grüß-, Begrüßungs- und Vorstellregeln und den einzelnen Beispielen hierzu befassen möchte, dem empfehle ich die im Anhang angegebene weiterführende Literatur zum Themenbereich Manieren, Stil, Umgangsformen.

– Spätestens wenn der Gastgebende Anstalten macht, seine Rede zu beginnen, gruppieren sich die Gäste in einem lockeren Halbkreis um den Redner. Selbstverständlich wird etwas Abstand vom Redner gehalten; wieviel richtet sich nach den Räumlichkeiten und der Anzahl der Gäste. Grob unhöflich ist es, in den Eingängen zum Empfangsraum stehen zu bleiben, um die Rede anzuhören, sich zu unterhalten oder die Blicke etwas schweifen zu lassen. Man blockiert die nachfolgenden Gäste oder auch das Servicepersonal.

Auch bei scheinbar gut gefüllten Empfangsräumen gilt meistens die Regel: je weiter man sich in den Raum hinein bewegt, desto mehr Platz findet man.

Umgekehrt erlebt man bei kleinerem Gästekreis oft, dass die Gäste „an der Wand lang" stehen; es entsteht der Eindruck, als trauten die Gäste sich erst nach Aufforderung entweder des Protokolls oder des Gastgebers selbst in die Raummitte. In aller Regel achtet das Protokoll darauf, dass die Gäste sich so gruppieren, dass ein harmonischer Gesamteindruck entsteht – auch im Interesse der Fotografierenden und der Medien.

- Empfänge sind meistens Stehempfänge; für behinderte oder ältere Gäste gibt es einige wenige Sitzgelegenheiten, die man diesem Personenkreis auch überlassen sollte. Grob unhöflich ist es, als junger gesunder Mensch auf solche Plätze Jagd zu machen und sie triumphierend zu besetzen. Eine absolute Stillosigkeit ist es, während des offiziellen Teils eines Empfangs sitzen zu bleiben, es sei denn der Gesundheitszustand lässt Stehen nicht zu.
- Die Praxis, ob bereits beim Eintreffen der Gäste im Empfangsraum also vor dem offiziellen Beginn eines Empfangs Getränke serviert werden oder zur Selbstbedienung bereit stehen, ist unterschiedlich.

Praxis-Tipp

Entbehrlich ist es meines Erachtens, schon beim Eintreffen der Gäste Getränke zu reichen, wenn der Empfang pünktlich mit der Rede des Gastgebenden beginnt und der offizielle Teil nicht mehr als 20 bis 30 Minuten dauert. Die Vorteile dieses Verfahrens sind, dass einerseits die Gäste die Hände frei haben, um andere zu begrüßen, und natürlich, um nach den Reden zu applaudieren. Der Vorteil für den Gastgebenden ist, dass es ohne Getränke im Empfangsraum erfahrungsgemäß ruhiger zugeht. Werden die ersten Getränke serviert, ist das im Allgemeinen ein deutliches Signal zur Kommunikation. Gäste stellen sich in Runden zusammen, plaudern, lachen und merken oft gar nicht, dass der Gastgebende mit seiner Begrüßungsrede beginnen möchte. Ohne Getränke ist die Aufmerksamkeit größer, der Redner muss sich nicht durch lautes Klatschen in die Hände oder mehrmalige Wiederholung von „Meine sehr geehrten Damen und Herren" oder gar durch „Darf ich um Ihre Aufmerksamkeit bitten" Gehör verschaffen.

Während des (kurzen) offiziellen Teils eines Empfangs Getränke zu servieren, gilt als störend und sollte unterbleiben.

- Empfänge sollten stets um die in der Einladung angegebene Uhrzeit pünktlich beginnen. Dies erfordert schon die Rücksicht auf den Zeitplan der Gäste, die womöglich Anschlusstermine haben. Ist ein Empfang nicht mit einem Mittag- oder Abendessen, einem Buffet oder Imbiss verbunden, hält er sich im Zeitrahmen von einer bis maximal zwei Stunden.
- Manchmal sind weitere Reden oder etwa eine musikalische Umrahmung vorgesehen.
- Nach dem offiziellen Teil werden (wieder) Getränke gereicht und je nach Tageszeit evtl. eine Beköstigung. Beliebt sind ein Gläschen Sekt oder je nach Anlass auch schon mal Champagner. Je nach Art der Beköstigung sollten Rot- und Weißwein nicht fehlen. Zu einem rustikalen Imbiss passt auch ein frisch gezapftes Bier. Keinesfalls fehlen dürfen alkoholfreie Getränke. Auch besondere Spezialitäten können einen Empfang attraktiv machen, z.B. Getränkespezialitäten aus ausgesuchten Ländern oder Getränke, die gerade im Mode sind, z.B. ein exotisches Mixgetränk.
- Während des Umtrunks ist Gelegenheit für die Gäste, sich bekannt zu machen, sich zu unterhalten und gegebenenfalls Visitenkarten auszutauschen. Dabei sollte man offen für neue Gesprächspartner sein und mit freundlichem und entgegenkommendem Verhalten zu einem guten Gelingen der Veranstaltung beitragen. Empfänge sind keine Gelegenheiten, sich auf Kosten des Veranstalters mit seiner eigenen Gruppe zu vergnügen.

Praxis-Tipp

Bei kleineren Empfängen kann man die Gastgebenden, das Protokoll oder die von Veranstalterseite zur Gästebetreuung anwesenden Personen bitten, die Bekanntschaft zu einzelnen Gästen herzustellen, bei größeren Empfängen ist es einfacher, sich selbst vorzustellen.

Eine gute Methode, Kontaktgespräche der Gäste zu erleichtern, ist die Ausgabe von Namensschildern. Ordnet man die Gäste dann noch verschiedenen Kategorien zu und gibt entsprechend farblich unterschiedliche Namensschilder aus, ist dieser Umstand meist der erste Anknüpfungspunkt

für ein Gespräch: „Wieso haben Sie ein rotes Namensschild und ich ein blaues?“
Namensschilder eignen sich allerdings nicht für festliche oder hochoffizielle Anlässe.

- Üblicherweise nutzen Gastgebende den Umtrunk dazu, die Gäste – falls noch nicht geschehen – persönlich zu begrüßen und sich möglichst mit allen wenn auch nur kurz zu unterhalten. Sie gehen dabei von Gruppe zu Gruppe.
  Besteht die Gästegruppe beispielsweise aus Konferenzteilnehmern, kann etwa der oder die Vorsitzende mit dem Gastgebenden „die Runde machen“ und ihm die einzelnen Teilnehmerinnen und Teilnehmer vorstellen.
- Leere Gläser oder Teller stellt man auf die dafür im Raum vorgesehenen Abstelltische. Sie auf Stehtische zu stellen, an denen noch Gäste am Essen sind, ist grob unhöflich. Ebenso unhöflich ist es, leere Gläser auf angereichte Tabletts mit vollen Gläsern zu stellen. Meist ist das Servicepersonal in den ersten Minuten voll mit dem Getränkeservice ausgelastet, so dass leere Teller erst später abgeräumt werden. Als Gast sollte man Stil beweisen, indem man erst dann noch einmal zum Buffet geht, nachdem der leere Teller abgeräumt oder auf einem Seitentisch abgestellt ist.
- Nach dem offiziellen Teil ist es für Gäste jederzeit möglich, den Empfang zu verlassen. Im Allgemeinen verabschiedet man sich nur bei der Gruppe, in der man gerade steht, und wenn der Gästekreis nicht (mehr) allzu groß ist, bei den Gastgebenden oder ersatzweise beim Protokoll oder den für die Gästebetreuung Verantwortlichen.
  Sind die Gastgebenden in ihrem Rundgang noch nicht bis zu Ihnen vorgedrungen, kann man das eigene Weggehen zum Anlass nehmen, sich mit einem Dank für die Einladung kurz persönlich bei den Gastgebenden zu verabschieden, vielleicht mit diesen oder ähnlichen Worten: *Ich unterbreche nicht gerne Ihre Unterhaltung, möchte aber nicht weggehen, ohne mich bei Ihnen für Ihre freundliche Einladung bedankt zu haben. Leider muss ich etwas früher weg. Nochmals herz-*

lichen Dank und Ihnen allen noch einen schönen Tag / Abend. Beim letzten Halbsatz blickt man freundlich in die Runde und kann sich je nach Situation auch noch per Handschlag von jedem verabschieden.

Veranstaltungen mit Sitzplätzen

Ist bei Veranstaltungen die volle Konzentration der Gäste auf Reden und Rahmenprogramm erwünscht, wählt man am besten eine so genannte Theater- oder Konzertbestuhlung, die auf Bühne / Rednerpult ausgerichtet ist. Durch gewohnte Signale, wie z.B. Theatergong, Zurücknehmen des Lichts im Zuschauerbereich / Beleuchtung der Bühne, können die Gäste veranlasst werden, ihre Plätze rechtzeitig einzunehmen und ihre Aufmerksamkeit auf das Programm zu richten.

Solche Veranstaltungen erfordern dann auch eine Platzierung, zumindest der Gastgebenden, Redenden und Ehrengäste, meistens aber auch darüber hinaus für die ersten Reihen.

Um dem Ziel, die volle Aufmerksamkeit der Gäste zu erreichen, gerecht zu werden, werden während des Programms weder Getränke noch Speisen gereicht. Deshalb schließen sich solchen Veranstaltungen meist (Steh-) Empfänge an, die am besten in einem angrenzenden Raum (z.B. Foyer) durchgeführt werden.

Praxis-Tipp

Versorgen Sie Ihre Gäste beim Eintreffen mit alkoholfreien Getränken (je nach Budget genügen Mineralwasser und Fruchtsaft). Denn insbesondere bei längerer Programmdauer sinkt die Aufmerksamkeit Ihrer Gäste, wenn das Empfinden, durstig zu sein überwiegt. Nicht alle Gäste haben Gelegenheit oder denken daran, vor einer solchen Veranstaltung ausreichend zu trinken, sei es dass sie eine längere Anreise hatten, aus Zeitknappheit oder einfach aus Achtlosigkeit.

Die Anlässe für solche Veranstaltungen können vielfältig sein, z.B. Eröffnungen / Wiedereröffnungen von Gebäuden, Institutionen, Ausstellungen; Diplomierungsfeiern; Preisverleihungen / Ehrungen; Gedenktage / Jahrestage, Buchvorstellungen.

Wie nenne ich meine Veranstaltung?
Akademische Feier, Gedenkveranstaltung, Fest, Festakt, Feierstunde, Festvortrag, Empfang, Matinee (künstlerische Veranstaltung, die am Vormittag stattfindet), Soiree (Gesellschaft oder Veranstaltung am Abend), Musikalische / Literarische Matinee / Soiree, Party, Grillfest /-abend sind nur einige von vielen Möglichkeiten.
Der Name muss zur Art der Veranstaltung passen. So kennzeichnen alle Bezeichnungen, die *Feier* oder *Fest* zum Bestandteil haben, einen meist besonders feierlichen Rahmen mit Festrede und Grußworten, die von musikalischen (meist klassischen) Beiträgen umrahmt werden.

PRAXIS-TIPP
Wichtig bei der Benennung ist immer, sich zu überlegen, wie es beim Adressaten ankommt. Bei allen Gedanken, die man sich über die Benennung einer Veranstaltung macht, kommt es immer auf den Empfänger an. Er muss mit der Bezeichnung die richtige Vorstellung verbinden. Deshalb Vorsicht: Viel zu oft verrennen sich Gastgeber in Formulierungen, die bei den Gästen falsche Erwartungen wecken. Machen Sie deshalb den Test und fragen Sie in Ihrem Umfeld, was man sich unter dieser oder jener Bezeichnung als Gast vorstellen würde. Stimmen die Antworten mit Ihren Planungen überein, haben Sie einen Treffer erzielt.

Eine dem Staat vorbehaltene Veranstaltungsart ist der *Staatsakt*. Er wird zur Verdeutlichung eines außergewöhnlichen Anlasses oder politischen Anliegens als politische Bekundung und Meinungsäußerung auf Bundesebene vom Bundespräsidenten und in den Ländern von den Regierungschefs verfügt.
Das gleiche gilt für Trauerakte, die – oft in Verbindung mit Staatsbegräbnissen – für um das Volk verdiente Persönlichkeiten des öffentlichen Lebens vom Bundespräsidenten bzw. den Länderchefs angeordnet werden und mit einem bestimmten Staatszeremoniell verbunden sind.

Essenseinladungen
Die Anlässe für Essenseinladungen können vielfältig sein. Ihre Ausgestaltung reicht vom festlichen Bankett bis hin zum einfachen Arbeitsessen. Zweck der

Zusammenkunft beim Essen ist nicht nur die Nahrungsaufnahme, sondern viel mehr die Kommunikation. Es scheint eine typisch deutsche (Un-)Sitte zu sein, dass ein Gespräch augenblicklich erlahmt, sobald das Essen serviert wird. Ausländer amüsiert dieses Verhalten. Für sie steht die Begegnung, die Unterhaltung im Vordergrund, die natürlich durch gutes Essen abgerundet wird und damit zum Wohlbefinden beiträgt. Natürlich liest der Gast auch an der Qualität des Essens/des Restaurants die ihm entgegengebrachte Wertschätzung ab.

Verbreitet sind die so genannten Geschäftsessen. Dabei handelt es sich in der Regel um ein Treffen von Entscheidungsträgern oder leitenden Mitarbeitenden mit Geschäftspartnern oder Gästen. Geschäftsessen dienen dazu, in entspannter Atmosphäre geschäftliche Angelegenheiten zu besprechen, Vertragsverhandlungen zu führen, Vertragsverhandlungen gebührend zu würdigen oder sich einfach besser kennen zu lernen. Je nach Zielsetzung und Bedeutung wählt man die Restaurantqualität aus oder lädt nach Hause ein, wobei eine Einladung in die privaten Räume die höchste Wertigkeit hat. Bei Essenseinladungen nach Hause sollte den Gästen ein ähnlicher Standard geboten werden können wie in einem Restaurant.

Bei der Zusammenstellung der Speisen- und Getränkefolge sollte man Vorlieben und Abneigungen (z.B. gegen Fischgerichte) der Gäste möglichst beachten, besonders allgemein bekannte Einschränkungen aus religiösen Gründen. Empfehlenswert ist eine abwechslungsreiche Komposition mit Salat, Gemüse und Beilagen und einer Alternative zu Fleisch / Fisch für Vegetarier. Die Menüzusammenstellung sollte dem Anlass und der Tageszeit angepasst sein. Mittags reicht ein leichtes Drei-Gang-Menü und ein leichter Wein. Die Gäste werden es Ihnen danken, insbesondere wenn sie nach dem Essen noch eine längere Wegstrecke zu bewältigen haben.

Bei einem kleinen Gästekreis kann man auch ein à la carte-Essen vorsehen. Dadurch verzögert sich jedoch der gesamte Gesprächsverlauf. Bis die Karte gelesen und mit dem Gastgeber besprochen ist, Essen und Getränke bestellt sind, vergeht geraume Zeit. Ganz davon abgesehen, dass die Gäste im Einzelnen erfahren, was Essen und Getränke kosten.

Ist die verfügbare Zeit knapp bemessen, bestellt man Menü wie auch Getränke vor und lässt Menükärtchen fertigen. So kann sich jeder Gast rechtzeitig über die Speisenfolge informieren und besondere Wünsche, z.B. keinen Fisch oder kein Fleisch haben zu wollen, noch mitteilen. Ein rechtzeitiger (dezenter!) Hinweis an Gastgeber oder Ober wird niemanden verärgern. Im Übrigen besteht bei Tellergerichten keine Verpflichtung, alles aufzuessen. Bei angereichten Platten oder einem Buffet trifft ohnehin jeder seine Auswahl selbst.

Eine weitere Variante ist, eine Vorspeisen- und eine Dessertvariation für alle zu bestellen und beim Hauptgericht die Auswahl z.B. unter drei Gerichten (Fisch/Fleisch/Vegetarisch) zu lassen, die zuvor ausgesucht wurden.

Insbesondere bei Mittagessen ist es wichtig, sich an den vorgesehenen Zeitplan zu halten, der deshalb im Einzelnen mit dem Gastronomen zu besprechen ist. Für einen störungsfreien Ablauf kann man auch dadurch sorgen, dass man die Weinprobe dem Ober überlässt und den Gästen ohne einzeln abzufragen nachschenkt.

Die Auswahl des Standortes des Tisches, die Tischform und die Dekoration sollte nicht dem Zufall überlassen werden. Gegebenenfalls muss man sich über eine Tischordnung Gedanken machen und Tischkärtchen aufstellen. Achten Sie darauf, dass die Stühle am Tisch nicht zu eng nebeneinander stehen.

Als Gastgeber/in ist es Ihre Pflicht, jeden Gast persönlich zu begrüßen. Treffen die Gäste einzeln ein, ist es sinnvoll, einen Aperitif-Empfang zum Versammeln der Gäste vorzusehen. Dabei können auch die Gäste, die sich nicht kennen, einander vorgestellt werden. Der Gastgeber gibt das Zeichen zum Trinken, indem er sein Glas erhebt und evtl. einen Toast ausbringt. Das Einnehmen der Plätze am Tisch erfolgt erst nach Aufforderung und Vorantritt des Gastgebers. Dabei ist es höflich, solange hinter dem Stuhl stehen zu bleiben, bis alle Gäste ihren Platz am Tisch ausfindig gemacht haben, um sich dann gemeinsam zu setzen. Die Gastgeberin (ersatzweise der Gastgeber) gibt, nachdem sie sich vergewissert hat, dass alle am Tisch versorgt sind, das Zeichen zum Essensbeginn, indem sie zum Besteck greift und anfängt.

Je nach Bedeutung des Anlasses sollte eine Tischrede nicht fehlen und evtl. eine Erwiderung des Ehren- oder höchsten Gastes erfolgen.

Bei einem größeren Gästekreis empfiehlt es sich, den Kaffee (evtl. samt Digestif) nicht an der Tafel einzunehmen. Falls möglich kann man in den

Aperitif-Bereich zurückgehen oder an einen anderen dafür geeigneten Ort. Das gibt den Gästen die Möglichkeit, sich anders zu gruppieren und mit weiteren Gästen zu unterhalten. Es hat auch den Vorteil, dass keine Lücke am Tisch entsteht, wenn sich ein Gast verabschiedet, und dass kein Gast den Eindruck hat, er müsse jetzt mit dem Weggehen warten, bis die Tafel aufgehoben ist, was normalerweise der Gastgeberin vorbehalten ist.
Die Rechnung zahlt man als Gastgeber/in möglichst diskret oder lässt sie schicken; Trinkgelder sollte man sofort geben.

Management und Organisation

Zunächst sollte man sich darüber im Klaren sein, dass man nichts dem Zufall überlassen darf. Eine gelungene Veranstaltung muss generalstabsmäßig geplant werden. Unterschiedliche Bereiche sind miteinander zu koordinieren, deshalb sind Netzpläne (zur Analyse und zeitlichen Planung der Arbeitsabläufe) als Organisationshilfen gut geeignet.
Unterschätzt wird oft die Bedeutung, den Informationsfluss zu allen Beteiligten zu gewährleisten. Erfahrungsgemäß treten in diesem Bereich kurz vor einem Ereignis die häufigsten Mängel auf: Wegen Zeitknappheit erfahren die Beteiligten mitunter nur noch durch Zufall von Änderungen, d.h. die Vorbereitungsarbeiten laufen in verschiedene Zielrichtungen, die Panne bei der Veranstaltung ist vorprogrammiert. Deshalb ist es wichtig, gleich zu Beginn der Veranstaltungsplanung einen Verteiler für Informationen zu erstellen, der Zug um Zug ergänzt werden kann, so dass jeder Beteiligte immer auf dem neuesten Kenntnisstand ist – im Zeitalter von E-Mail kein Problem!
Ebenso wichtig ist es, eine Checkliste individuell zu erstellen. Allgemeine Checklisten haben den Nachteil, dass sie Besonderheiten nicht berücksichtigen; sie können als gute Grundlage dienen, wenn sie entsprechend ergänzt werden.
Eine weitere wichtige Liste ist die mit der telefonischen Erreichbarkeit aller für den reibungslosen Ablauf Erforderlichen – im Handyzeitalter ebenfalls kein Problem!
Organisatorisches kann delegiert werden. Entscheidungen, von denen der Erfolg abhängen kann, unbedingt selbst treffen! Hierzu gehören Zeit, Ort,

Einladungskreis, Programm, Beköstigung, Dekoration und alles, was mit dem Namen der Gastgebenden unmittelbar verbunden ist, z.B. auch Einladungsschreiben oder -karte.

Praxis-Tipp

Die Besichtigung des Veranstaltungsortes ist immer empfehlenswert, besonders wenn seit der letzten Veranstaltung dort schon einige Zeit vergangen ist. Da die Reden oft als wichtigster Teil einer Veranstaltung angesehen werden, ist es ratsam, vor Beginn die Funktionstüchtigkeit der Beschallungsanlage zu überprüfen.
Bewährt hat sich die Einrichtung eines so genannten „Trouble-Desk" bei der Veranstaltung, das für alle Gäste Anlaufstelle für Auskünfte und kleine Hilfestellungen (Ablauf, was befindet sich wo? Platzordnung, Taxibestellung) ist. Hier können Einlass- oder Platzierungskarten hinterlegt werden für Gäste, die erst sehr spät zugesagt haben oder solche, die ihre Karten vergessen haben.
Mindestens zwei (je nach Veranstaltungsgröße auch mehr) Mitarbeitende, die sich gut auskennen, über die Veranstaltung im einzelnen Bescheid wissen, personenkundig, freundlich und kompetent sind, sich zu helfen wissen und mit den Verantwortlichen im Bedarfsfalle (per Handy) Kontakt aufnehmen können, auch selbst telefonisch (evtl. auch per Fax und E-Mail) erreichbar sind, sollten am Trouble-Desk sein.

Die Eigendynamik von Veranstaltungen sollte keinesfalls unterschätzt werden. Deshalb handeln Gastgeber klug, wenn sie die Fäden letztlich bei einer einzigen Person zusammenlaufen lassen, die den Gastgeber zu jedem Zeitpunkt über den letzten Stand der Vorbereitungen informieren kann, über die vom Gastgeber gewünschte Änderungen noch bewirkt werden können, und die in Absprache mit ihm – bei aller gebotenen Ablauf- und Programmtreue – die notwendige Flexibilität behält, auf Augenblickssituationen angemessen zu reagieren.
Mit anderen Worten und im übertragenen Sinne gemeint muss für jede Veranstaltung ein *Drehbuch* geschrieben und ein *Regisseur* bestimmt werden.

Einladungskreis

Die Entscheidung über den Gästekreis ist ureigenste Sache der Gastgebenden. Während man bei privaten Einladungen relativ frei entscheiden kann, mal abgesehen von den so genannten Verpflichtungen, die man auch dort zu berücksichtigen hat, ist die Freiheit bei repräsentativen Veranstaltungen eingeschränkt. Erstens handelt man nicht im eigenen Namen, sondern für eine Institution, eine Vereinigung, ein Unternehmen, eine Kommune oder den Staat. Es werden auch nicht eigene finanzielle Mittel, sondern die des Repräsentierten eingesetzt, weshalb die Zusammenstellung des Einladungskreises nach sachgerechten Erwägungen zu erfolgen hat. Insbesondere beim Einsatz von Steuergeldern darf nicht willkürlich verfahren werden, die Einladung muss durch einen sachlichen Grund gerechtfertigt sein.
Ausgangspunkt für die Zusammenstellung des Gästekreises ist der jeweilige Anlass oder Grund der Veranstaltung.
Weit verbreitet sind z.B. Neujahrsempfänge, deren Anlass der Jahreswechsel ist und die Gelegenheit geben, persönlich Neujahrswünsche auszutauschen. Hier spiegelt sich im Einladungskreis – dem üblicherweise Repräsentanten von Staat, Kommune und anderer Länder, von Religionsgemeinschaften, Institutionen, Behörden, Verbänden und Vereinigungen, der Medien, aus Wissenschaft, Kunst, Sport und Politik, Unternehmer und Arbeitnehmervertreter sowie um die Gemeinschaft besonders verdiente Persönlichkeiten angehören – das öffentliche Leben wider.
Da bei staatlichen Veranstaltungen stets eine je nach Anlass mehr oder weniger umfangreiche Repräsentanz des öffentlichen Lebens eingeladen wird, und zwar nach dem institutionellen Protokoll, d.h. unter Berücksichtigung des die Bundesrepublik Deutschland prägenden Prinzips der Repräsentation, ist der oben genannte Personenkreis in der so genannten Protokoll-Liste erfasst. Es ist mitunter recht schwierig, diese doch sehr umfangreiche Datei immer auf dem neuesten Stand zu halten, denn nicht jeder Amtswechsel wird über die Medien veröffentlicht, und Internet-Recherchen gestalten sich oft sehr zeitaufwändig. Deshalb an dieser Stelle eine Anregung an den betroffenen Personenkreis: Amtswechsel, Neuwahlen, Adressänderungen usw. bitte auch dorthin melden, wo Einladungen erfahrungsgemäß herkommen. Andernfalls darf man sich nicht wundern, wenn Einladungen auch lange

nach einem Wechsel noch an den Vorgänger gerichtet werden. Auch wenn man einen offiziellen Glückwunsch zur Amtsübernahme erhalten hat, ist dadurch nicht automatisch gewährleistet, dass die für die Datenpflege zuständige Stelle diese Information erhält. Ausdruck von Unsicherheit und fehlendem Selbstbewusstsein ist die durchaus auch vorkommende Deutung, der Amtsvorgänger sei der willkommenere Gast. Einladungen an die Dienstanschrift unter Nennung der Funktion gelten in aller Regel dem aktuellen Funktionsträger, auch wenn der Name nicht (mehr) stimmt.
Für alle Gastgebenden, die häufiger denselben Personenkreis (mit-)einladen, empfiehlt sich die Vorhaltung einer entsprechenden Adressdatei. Bewährt hat sich dabei die Gliederung nach Bereichen. Bei PC-gestützter Bearbeitung ist die Sortierung nach anderen Ordnungsmerkmalen (Name, Funktion, Ort usw.) problemlos möglich.

Praxis-Tipp

Die Zusammenstellung von Einladungskreisen ist meist eine schwierige Aufgabe und wird stets unterschätzt, aber der beabsichtigte Erfolg einer Veranstaltung steht oder fällt auch mit dem „richtigen" Gästekreis.
Wichtig für alle Veranstaltungen, zu denen eine spezielle Zielgruppe eingeladen werden soll, ist das Vorhandensein gesicherten Adressenmaterials. Mit dessen Auswahl sollten nur Personen betraut werden, die Ziel, Sinn und Zweck der Veranstaltung durchschauen können und sich in der Struktur des öffentlichen Lebens auskennen, denen Unternehmens-, Verbands- und sonstige Hierarchien vertraut sind und die es verstehen, ihre Informationen aus verlässlichen Quellen zu beziehen.

Anekdote

Bei einer Veranstaltung für Jugendliche hat das Protokoll auf den „modernen" Rat gehört, nicht mehr mühsam die Adressen zusammenzustellen, sondern sie – wie es zeitgemäß sei – zu kaufen. Da auch das Protokoll immer für Arbeitserleichterung zu haben ist, wurde dieser Vorschlag freudig akzeptiert.
Schon die ersten Reaktionen auf die Einladung ließen Zweifel aufkommen, ob diese Entscheidung richtig war: Da rief eine ältere Frau an, und fragte,

ob die Einladung nicht eher ihrer Enkelin gelten sollte, sie sei schließlich schon über 80 Jahre alt, fühle sich zwar noch durchaus jugendlich, sei sich aber nicht sicher, ob das von den anderen Gästen auch so gesehen werde. Kurz und gut: Am Ende hatten wir bei unserem Jugendempfang Gäste jeden Alters und waren dem Ministerpräsidenten eine Erklärung schuldig.
Wir bekamen eine zweite Chance:
Unter Beteiligung der für Jugend, Bildung und berufliche Ausbildung zuständigen Ministerien, des Landesjugendamtes und des Landesjugendringes ist eine ausgewogene Einladungsliste zusammengestellt worden für eine gelungene Veranstaltung mit 500 Teilnehmerinnen und Teilnehmern.

Einladungen – Karte oder Brief? Gedruckt oder handgeschrieben?

Einladungen erfüllen neben ihrem Hauptzweck eine Reihe von Nebenfunktionen. Sie sind Werbung, haben einen Informationswert, können für den Empfänger eine Auszeichnung sein. In jedem Fall weist sich der Gastgeber mit der Einladung aus. Deshalb sind Inhalt, Format und Ausgestaltung mit Papierqualität und Schriftart in Einklang zu bringen. Die Einladung stimmt die Gäste auf die Veranstaltung ein, Erwartungen werden geweckt. Die Gäste sollten sich anhand der Einladung ein möglichst genaues Bild davon machen können, was sie erwartet und was von ihnen, beispielsweise in Bezug auf Kleidung oder Zeitplanung, erwartet wird.
Deshalb sollte sich eine Einladung aus folgenden Informationen zusammensetzen:

– Wer der oder die Gastgebenden sind

Praxis-Tipp

Kennen Sie auch die Einladungsformulierung: „Wir laden ein" und die verzweifelte Suche, wer denn wohl mit „Wir" gemeint sein könnte. Letztlich gibt dann der Frankierstempel auf dem Umschlag den entscheidenden Hinweis. Deshalb immer darauf achten, dass deutlich wird, wer Gastgeber ist.

– Wem die Einladung gilt

Praxis-Tipp

Bei namentlich ausgefertigten Einladungen unbedingt darauf achten, dass die Namen der Gäste richtig geschrieben sind. Werden Paare eingeladen, müssen beide Namen in der Einladung stehen; evtl. müssen entsprechende Auskünfte eingeholt werden. Bei einem kleineren „handverlesenen" Kreis ist das auf jeden Fall ratsam, denn die Formulierung „… Herrn / Frau Soundso mit Begleitung…" könnte in dem Sinne interpretiert werden, dass nur der namentlich genannte Gast von Bedeutung sei und wen er mitbringt eher nebensächlich. Die Formulierung „… mit Gatte / Gattin" oder „… Gemahl/in" wirkt antiquiert und ist nicht mehr zeitgemäß.
Bei Einladungen in Sie-Form ist der Adressat nur auf dem Kuvert bezeichnet. Wird paarweise eingeladen, ist der Name der Begleitperson aber nicht bekannt, so hat sich der Zusatz „Diese Einladung gilt für zwei Personen" auf der Einladungskarte bewährt. Auf der Rückantwortkarte kann dann der Name der Begleitperson abgefragt werden. Dieses Verfahren hat nur einen kleinen Haken: Der Charakter einer Veranstaltung als gesellschaftliches Ereignis kann sich ändern, weil der eingeladene Gast nicht zwangsläufig seinen (Ehe-)Partner/in mitbringt, sondern irgendeine Begleitperson aus dem beruflichen, ehrenamtlichen oder persönlichen Umfeld.

– Wochentag, Datum, Uhrzeit und Ort der Veranstaltung

Praxis-Tipp

Dem Datum den Wochentag voranzustellen hilft Irrtümern vorzubeugen. Stimmt beides nicht überein, fällt es normalerweise beim Korrektur lesen auf. Ist ein pünktlicher Veranstaltungsbeginn zwingend geboten, empfiehlt es sich, die Gäste zu bitten, bis zu einer bestimmten Uhrzeit (z.B. 15 Minuten vor Veranstaltungsbeginn) anwesend zu sein, beispielsweise mit dem Hinweis: „Wegen der Live-Übertragung der Veranstaltung im Fernsehen wird gebeten, die Plätze bis … Uhr einzunehmen."
In aller Regel signalisiert auch eine um … Uhr Zeitangabe einen pünktlichen Beginn, wie ebenso der Zusatz s.t. (sine tempore). Ist es gerade nicht ge-

wünscht, dass alle Gäste gleichzeitig eintreffen, räumen Sie durch den Vermerk c.t. (cum tempore) das akademische Viertel ein. Auch detailliertere Hinweise zum Ablauf, etwa „... das Konzert beginnt um 19.00 Uhr. Zuvor findet ab 18.30 Uhr ein Begrüßungsempfang im Foyer statt. Im Anschluss an das einstündige Konzert sind Sie herzlich zu einem Abendessen eingeladen ...“ zeigen dem Gast, welche Zeiten fest eingehalten werden müssen und bei welchen er flexibel ist.
Bei von ... bis-Uhrzeiten ist im angegebenen Zeitrahmen Kommen und Gehen nach eigenem Gusto möglich. Haben Sie bei Veranstaltungen Programmteile oder Reden vorgesehen, die möglichst alle Gäste miterleben sollen, eignen sich von ... bis-Uhrzeiten deshalb weniger.

– Anlass / Motto / Art der Veranstaltung
  Die Anlässe für Veranstaltungen können vielfältig sein. Sie geben in aller Regel einen ersten Hinweis auf Art und Ablauf der Veranstaltung. Im diplomatischen Bereich z.B. gibt es regelmäßig Empfänge zu ausländischen nationalen Feiertagen, d.h. in aller Regel bildet sich ein Defilee, um dem Gastgeber zu dem Ereignis zu gratulieren. Wird zum Neujahrsempfang eingeladen, werden allgemein Neujahrswünsche ausgetauscht.

PRAXIS- TIPP
Auch Hinweise auf die vorgesehene Beköstigung sind für Gäste immer hilfreich, wenn nicht Veranstaltungsart oder Uhrzeit darauf schließen lassen. Mögliche Formulierungen im Einladungstext können sein: ... zu einem Empfang mit landestypischen Spezialitäten / rustikalem Buffet ..., ... zu einem Konzert mit anschließendem Abendessen..., ... zu einer Rundfahrt mit anschließender Kaffeetafel ...

– Ob eine bestimmte Kleidung erwünscht ist

PRAXIS-TIPP
Hinweise zur Kleidung werden von den meisten Gästen als sinnvolle Orientierungshilfe empfunden, obwohl sie meist nur auf die Kleidung des Herrn gerichtet sind; frau wählt dann das dazu Passende.

Fehlt ein solcher Hinweis, können entsprechende Informationen beim Veranstalter/Gastgeber eingeholt werden.
Zur Beruhigung: Mit einem dunklen Anzug – Frauen mit dunklem Kostüm oder Jackenkleid – sind Sie bei offiziellen Gelegenheiten selten falsch angezogen. Der Hinweis Dunkler Anzug/kurzes Kleid zielt nicht etwa auf Miniröcke bei den Damen, sondern bedeutet die Abgrenzung zum langen (Abend-)Kleid.

ANEKDOTE

Wer die hiesigen staatlichen Einladungen in der zurückliegenden Zeit aufmerksam verfolgt hat, wird festgestellt haben, dass ein Bekleidungsvermerk fehlt. Das kam so: Auf eine Einladung zum Neujahrsempfang mit dem Bekleidungsvermerk „Dunkler Anzug" hatte eine Frau geantwortet, sie könne leider – obwohl sie es sehr gerne möchte – der Einladung nicht nachkommen, da sie nicht im Besitze eines dunklen Anzugs sei.
Die Angelegenheit wurde presseöffentlich und der amtierende Protokollchef musste vor laufenden Kameras eine Erklärung abgeben. Nachdem er ausführlich erläutert hatte, dass es sich bei dem beanstandeten Vermerk lediglich um eine Empfehlung für die Kleidung des Herrn und einen Hinweis auf den Stil der Veranstaltung handele, keinesfalls um eine Voraussetzung für die Teilnahme an dem Empfang, machte er die versöhnliche Aussage, dass das Protokoll lernfähig sei und bei künftigen Anlässen den Bekleidungsvermerk weglasse.

– Hinweise zur Rückantwort
  Die Abkürzung U.A.w.g. auf Einladungen heißt: Um Antwort wird gebeten. Die oft auch anzutreffende französische Variante ist: R.s.v.p. (Répondez, s'il vous plaît).
  Ist zusätzlich ein Datum angegeben, soll bis zu diesem Zeitpunkt spätestens geantwortet werden: Höfliche Gäste antworten unverzüglich!
  Die Antwort kann je nach Hinweis telefonisch, per Fax, per E-Mail oder per Karte erfolgen. Karten haben für den Organisator den Vorteil, dass sie mit Referenz-Nummern versehen werden können, das sind Zahlenkombinationen, die eine Zuordnung der Rückantwort zum jeweiligen Gast erleichtern.

PRAXIS-TIPP

Bei nicht empfangsgewohnten Gästen ist es besser auf solche Abkürzungen zu verzichten, weil deren Bedeutung nicht allgemein bekannt ist. Dann sind folgende Formulierungen besser: „Um Antwort auf beigefügter Karte wird (bis zum ...) gebeten", „Um Antwort per Telefon (Nr.), Fax (Nr.) oder E-Mail (Adresse) wird gebeten."

Bei mehreren Veranstaltungen im gleichen Zeitraum, können durch farblich unterschiedliche Karten die Rückantworten den betreffenden Veranstaltungen einfacher zugeordnet werden.

Der Einladung beifügen kann man:

– das Veranstaltungsprogramm

PRAXIS-TIPP

Sollte das Programm beim Einladungsversand noch nicht endgültig feststehen, reicht eine grobe Skizzierung aus. Das Programm wird dann bei der Veranstaltung ausgehändigt oder ausgelegt.

– Parkausweise / Hinweise zur Parksituation
  Hinweise zur Parksituation sollen möglichst schon mit der Einladung gegeben werden, weil die Zeitplanung der Gäste auch von der Parksituation abhängig ist. Gesonderte Parkausweise versendet man sinnvollerweise erst nach einer Zusage. Ist Parkplatz genug vorhanden, sind solche Ausweise entbehrlich. Will man trotzdem sicher gehen, dass nur Gäste auf dem Parkplatz parken, gilt die Einladungskarte gleichzeitig als Parkberechtigung.

PRAXIS-TIPP

Auch der Hinweis „In unmittelbarer Nähe des Veranstaltungsortes gibt es keine Parkplätze" ist für die Gäste hilfreich, wie ebenso der Hinweis auf öffentliche Verkehrsmittel.

Für Ehrengäste müssen besondere Vorkehrungen (bevorrechtigte Parkplätze, Möglichkeit der Vorfahrt bis zum Eingang) getroffen werden.

- Wegbeschreibung
  Dieser Service ist insbesondere bei auswärtigen Gästen willkommen.
- Vorstellkarte (für das Defilee)
  Sie kann entweder mit der Einladungskarte oder erst nach der Zusage versandt werden.

Vorstellkarte

Frau Professor Soundso

Sie erleichtern Ihre Vorstellung, wenn Sie diese Vorstellkarte bereithalten.

- Wagenabrufkarte (für Gäste mit Fahrer)

Wagenabrufkarte

\- diesen Abschnitt dem Fahrer aushändigen -
Anfahrt vor der Kongreßhalle
Parken auf Anweisung der Polizei

Wagenabruf: N° 36

- -

Wagenabruf: N° 36

Bitte diesen Abschnitt abtrennen
und beim Verlassen des Gebäudes
dem Wagenabruf abgeben.
Ihr Wagen wird dann zur Vorfahrt aufgerufen.

PRAXIS-TIPP

Im Handy-Zeitalter ist das allenfalls noch ein sinnvoller Service, wenn die Wagen von Personal geparkt werden oder kein Funknetz-Empfang gewährleistet ist.

– Sonstige besondere Hinweise
  Ist eine Einlass- und/oder Sicherheitskontrolle vorgesehen, empfiehlt es sich, auch darauf bereits bei der Einladung hinzuweisen.
  Das gleiche gilt für Platzierungshinweise bei Großveranstaltungen.

PRAXIS-TIPP
Mögliche Formulierungen: „Sie werden gebeten, die Einladungskarte, die für zwei Personen gilt, bei der Einlasskontrolle vorzuzeigen"; „Diese Einladungskarte gilt (zusammen mit einem Lichtbildausweis) als Einlasskarte"; „Die Platzierungskarte gilt für einen Sitzplatz in dem entsprechend (farblich) gekennzeichneten Bereich."

Ist eine Übernachtung ratsam, können sowohl Hotel-Empfehlungen gegeben werden als auch Buchungen über den Gastgeber erfolgen. Im letzteren Fall ist, um Missverständnisse zu vermeiden, unbedingt darauf hinzuweisen, wer die Kosten trägt. Mögliche Formulierungen: Übernachtungsmöglichkeiten bestehen zu Sonderkonditionen im Hotel Soundso, Adresse, Erreichbarkeit, Preise. Bei der Formulierung von Einladungen hat man die Wahl zwischen eher traditionellen Varianten, wie … *geben sich die Ehre* … oder ... *beehren sich* … oder moderneren Formen, wie … *laden Herrn/Frau … herzlich ein.* Einen Gast *zu bitten* ist nur höchsten Repräsentanten vorbehalten.

Der Bundespräsident
bittet
im Anschluss an den Festakt
aus Anlass des Tages der Deutschen Einheit
zu einem Empfang
in das Konzerthaus Berlin
– Schauspielhaus am Gendarmenmarkt –

Schriftliche Einladungen können per Brief oder Karte erfolgen, in Zeitnot auch telefonisch vorab (d.h. die Einladung wird nachgeschickt). Einladungen per E-Mail haben sich im repräsentativen Bereich (noch) nicht durchgesetzt. Sie können allenfalls die gedruckte Einladung in Sie-Form für öffentliche, Groß- oder Massenveranstaltungen ersetzen, oder solche, die regelmäßig beispielsweise zu Ausstellungseröffnungen an denselben Personenkreis gehen. Bei der heutigen regelrechten E-Mail-Flut ist die Gefahr sehr groß, dass eine solche Einladung keine besondere Wertschätzung erfährt. Für Einladungen per SMS gilt das genauso.
Hat ein (Ehren-)Gast aufgrund einer telefonischen Anfrage oder eines Ankündigungsschreibens bereits seine Zusage gegeben, erhält er trotzdem aus Höflichkeitsgründen die gedruckte schriftliche Einladung, allerdings mit dem Zusatz „p.m.", d.h. pour mémoire (zur Erinnerung). Dieser Zusatz ersetzt das U.A.w.g.

Es gibt eine Hierarchie der Einladungen, hier in aufsteigender Reihenfolge:

- gedruckte Einladungen in Sie-Form
- gedruckte Einladungen, die namentlich ausgefertigt werden
- individuell gefertigte persönliche Einladungen

Einladungen an Ehrengäste oder höherrangige Personen (gemessen am Rang des Gastgebers) sollten stets mit angemessenem zeitlichen Vorlauf und durch gesondertes persönliches Schreiben erfolgen. Dieses Verfahren hat auch den Vorteil, dass man mit der Einladung nicht warten muss, bis die Drucksachen fertig gestellt sind. Eine weitere Möglichkeit ist die Vorankündigung des Termins in einem persönlichen Schreiben mit der Bitte, sich den Termin vorzumerken und dem Hinweis auf die später erfolgende förmliche Einladung. Ehrengäste, die ihre Teilnahme schon zugesagt haben, erhalten – wie oben erwähnt – eine Einladung mit dem Zusatz p.m.
Bei Einladungsschreiben, die nicht von Hand geschrieben sind, gilt es – wie übrigens bei allen persönlichen maschinell gefertigten Schreiben – als besondere Höflichkeit, Anrede und Schlussformel handschriftlich anzubringen.

Die hohe Wertigkeit der handgeschriebenen Einladung ist der Grund, weshalb auch heute noch insbesondere bei hochoffiziellen, namentlich ausgefertigten Einladungen der Handschrift ähnliche Schriftarten bevorzugt werden. Solche Einladungen sind im diplomatischen wie auch im hochoffiziellen internationalen Bereich üblich. Deshalb sollte man sich an solchen Mustern nur orientieren, wenn diese Form wirklich angemessen ist.
Bei gesellschaftlichen Ereignissen ist es üblich, paarweise einzuladen. Die Gastgeberschaft wird dann auch als Paar, überwiegend als Ehepaar, übernommen. Ist ein Repräsentant des öffentlichen Lebens nicht verheiratet, lädt er eben alleine ein. Problematischer wird es bei nichtehelichen Lebensgemeinschaften oder bei gleichgeschlechtlichen Partnerschaften. In etlichen Teilen der Gesellschaft hat diese Lebensführung bereits Akzeptanz gefunden. Hinzu kommt, dass durch den Verzicht auf den obligatorischen Ehenamen nicht auf den ersten Blick ersichtlich ist, ob es sich um ein verheiratetes Paar handelt oder nicht. Dennoch war es vor rund zehn Jahren eine kleine Sensation, als der damalige Ministerpräsident und amtierende Bundesratspräsident zusammen mit seiner Lebensgefährtin – meines Wissens als erster im hochoffiziellen Bereich der Bundesrepublik – zum Neujahrsempfang einlud.

Volker Jacobs schrieb dazu in der Zeitung *Die Welt*:
... Dass aber der Gastgeber – in offizieller Eigenschaft, wie das Protokolldeutsch Mensch und Amt zu trennen pflegt – zusammen mit seiner Lebensgefährtin einlädt, ist eine Novität, und zwar eine von gesellschaftlicher Bedeutung. Ein Stück Lebenswirklichkeit hat erstmals seine gleichsam staatsprotokollarische Anerkennung gefunden. Spätere Heirat nicht ausgeschlossen.
Die überwiegenden Reaktionen auf diese Einladung waren positiv, nur ein einziger Gast hat mit der Begründung, er lasse sich nicht von Lebensgefährtinnen einladen, abgesagt.
Fast eine Zeitungsseite berichtete *Bild am Sonntag*, dass die Frau des usbekischen Staatspräsidenten, die sich mit ihrem Mann im Rahmen eines Deutschlandbesuchs im Saarland aufhielt, Gast einer *Landesmutter ohne Trauschein* war.

Teilnehmende an Kongressen, Tagungen oder Besucherdelegationen erhalten oft für zum Beiprogramm zählende Veranstaltungen keine gesonderten Einladungen; sie gelten als eingeladen, wenn die Veranstaltung, z.B. ein Empfang, Bestandteil des Programms ist.
Es gilt jedoch als Ausdruck besonderer Höflichkeit und Wertschätzung, wenn eine Einladung den Tagungsunterlagen beigefügt ist oder im Hotel bereitliegt.

Praxis-Tipp

Teilnehmerkreise ändern sich erfahrungsgemäß bis zur letzten Minute. Wollen Sie dennoch allen Gästen eine persönliche Einladung zukommen lassen, so ist es bei Kongressen mit eingerichtetem Tagungsbüro kein Problem, dort einige Blanko-Einladungen zu hinterlegen, die bei Bedarf mit dem Namen des Gastes versehen und ausgehändigt werden können.
Eine andere Möglichkeit ist, dem Tagungs- oder Delegationsleiter einige Reserve-Einladungen in Sie-Form zu überlassen.

Reden und Rahmenprogramm

Für die Programmgestaltung tragen letztlich die Gastgebenden die Verantwortung. Egal, wer die Veranstaltung organisiert, es sind immer die Gastgebenden, mit denen jedes Lob und jeder Tadel nach Hause geht.
Die Gastgebenden bestimmen Art und Umfang der Reden, der Beköstigung und des Rahmenprogramms.
Der Phantasie sind bei der Programmgestaltung keine Grenzen gesetzt. Ausgewogen sollte es sein, der Veranstaltungsart und dem Anlass entsprechen.
Wichtiger Programmpunkt bei repräsentativen Veranstaltungen sind die Reden. Sie tun Ihren Gästen keinen Gefallen, wenn Sie auf Reden verzichten. Zumindest eine Begrüßungsrede ist immer angebracht. Sie können damit Ihre Gäste willkommen heißen, Ehrengäste stilvoll begrüßen, positiv auf den Veranstaltungsverlauf einwirken, indem Sie Hinweise zu Gästekreis, Ablauf, Beköstigung oder zum Motiv für die Zusammenkunft geben. Sie helfen damit Ihren Gästen, sich zu orientieren.

Nach der Begrüßung/Ansprache des Gastgebenden können weitere Reden vorgesehen werden, z.B. Grußworte, Festrede, Festvortrag, Erwiderungsrede bei einer Ehrung oder beim Empfang einer Besucherdelegation.
Ein Fehler, der häufig gemacht wird, ist, die Gäste mit unangemessen langen Reden über Gebühr zu strapazieren. Für eine reine Begrüßungsrede reichen drei bis fünf Minuten. Dasselbe gilt für Grußworte. Ansprachen und Festvorträge können etwas länger ausfallen, je nach Veranstaltungsart.
Überfordern Sie Ihre Gäste also nicht durch überlange Reden; dies gilt insbesondere für Stehempfänge. Auch mit einem allzu ausgedehnten künstlerischen Beiprogramm oder mit zu knapp bemessenen Essenszeiten lösen Sie keine Freude aus, wenn dadurch die Kommunikation untereinander zu kurz kommt.
Bei Stehempfängen, für die ohnehin nur eine Dauer von ca. einer Stunde vorgehen ist, sollte der komplette Redeteil, also für alle Redner insgesamt, nicht mehr als zwanzig Minuten dauern. Mit einer musikalischen Umrahmung kann der offizielle Teil eventuell auf maximal eine halbe Stunde ausgedehnt werden.
Wird im Verlaufe der Planungen klar, dass der offizielle Teil mehr Zeit in Anspruch nimmt, sollte eine Veranstaltung mit Sitzplätzen (Theaterbestuhlung) ins Auge gefasst werden, die natürlich mit einem höheren organisatorischen Aufwand (Platzordnung, Bühne, Beleuchtung, anschließender Umtrunk usw.) verbunden ist und mehr Zeit in Anspruch nimmt.
Ziehen sich Reden und Programm über mehrere Stunden hin, platziert man die Gäste am sinnvollsten an Tischen, wobei die Beköstigung vernünftig in den Ablauf eingeplant werden muss: So kann man beim Eintreffen die Gäste mit Getränken versorgen lassen oder Getränke auf den Tischen bereitstellen. Während der Reden sollte kein Service erfolgen, das gibt zuviel Unruhe. Dasselbe gilt für Programmteile, bei denen die volle Aufmerksamkeit des Publikums erwünscht ist.
Reden können als Block oder durch Zwischenmusik unterbrochen in das Programm aufgenommen werden. Besonderes Augenmerk ist der Rednerfolge zu widmen (siehe Seite 116).

Praxis-Tipps

Ein (kurzes) Musikstück zu Beginn einer Veranstaltung bringt Ruhe und Aufmerksamkeit für den ersten Redner.
Bei mehr als drei Reden ist es günstig, neben einer Eingangs- und Schlussmusik auch eine Zwischenmusik vorzusehen. Dasselbe empfiehlt sich zwischen (eher kurzen) Grußworten und einer (längeren) Festrede.
Unmittelbar vor und nach Reden sollten als künstlerisches Rahmenprogramm keine Wortbeiträge vorgesehen werden. Der Unterschied zum professionellen Sprecher könnte krass ausfallen.

Ob weitere Reden gehalten werden, wie viele und wie lange entscheidet letztlich der Gastgebende bzw. die für die Veranstaltung zuständige Organisationseinheit. Es gilt als grobe Unhöflichkeit, ohne Absprache mit dem Gastgebenden das Wort zu ergreifen oder vereinbarte Redezeiten deutlich zu überschreiten.
Bei mehreren Rednern empfiehlt es sich überdies, die Redeinhalte abzustimmen. Es ist verschenkte Zeit und für die Gäste todlangweilig, von jedem Redner mehr oder weniger dasselbe zu hören. Auch die Redner, die das, was sie eigentlich sagen wollten, von ihrem Vorredner schon hören, geraten in die Bredouille: sie müssen entweder auf die Schnelle ihr Konzept noch umwerfen oder ständig sagen: ... *wie mein Vorredner eben schon ausführte ...*, ... *wie schon erwähnt wurde ...*, ... *wie wir schon gehört haben ...*

Praxis-Tipp

Hat man die berechtigte Vermutung, dass bei einer Veranstaltung womöglich ein Redebeitrag von einem erwartet wird, kann man sich beim Veranstalter nach dem vorgesehenen Programm, das normalerweise eine Auflistung der Redenden enthält, erkundigen. Je nach Situation ist auch eine direkte Frage danach angebracht. Bei offiziellen Veranstaltungen kümmert sich das Protokoll von sich aus um diese Dinge.

Tischreden werden – um einen Qualitätsverlust beim Hauptgericht, z.B. durch Warmhalten der Speisen bei unvorhersehbar langen Reden, zu verhindern – traditionell nach dem Fleischgang/Hauptgericht gehalten, wenn die

Teller abgeräumt sind. Bei festlichen Anlässen wird zuvor das edelste Getränk (das kann auch Champagner sein) eingeschenkt, mit dem nach der Rede angestoßen wird. Die Tischrede kann auch vor Beginn des Essens gehalten werden (unbedingt die Küche von dieser Absicht unterrichten!). Bei mehreren Tischreden sind Rednerfolge und Redezeiten durch Gastgeber/in festzulegen. Sie können auch (nach Absprache mit der Küche) auf die Pausen zwischen den einzelnen Gängen des Menüs verteilt werden. Hierbei ist die Einhaltung der vorgesehenen Redezeit ein absolutes Muss.

Praxis-Tipp

Das Signal für die Tischrede ist üblicherweise, dass sich Redner oder Rednerin vom Platz erheben und ihrem Umfeld durch entsprechende verbale Hinweise zu verstehen geben, dass sie jetzt ihre Tischrede halten wollen. Höfliche Gäste unterbrechen dann ihre Gespräche und richten das Interesse auf den Redner. Bei größeren Tischrunden kann es erforderlich sein, zusätzlich mit einem (unbenutzten) Besteckteil ans Glas zu klopfen, um mit dem hellen Klingelton auf die beginnende Rede aufmerksam zu machen.

Falls aus der Einladung oder dem (mitgesandten oder ausgelegten) Programm die Redner nicht hervorgehen, können diese sich zu Beginn ihrer Rede selbst vorstellen oder der Vorredner leitet mit einem entsprechenden Hinweis über.

Besondere Vorkehrungen sind zu treffen, wenn ausländische bzw. fremdsprachige Redner zu Wort kommen sollen. Dann stellt sich die Frage der Übersetzung der Rede.

Hierzu gibt es mehrere Möglichkeiten:

1. Konsekutive Übersetzung

   Die Rede wird von einem Dolmetscher satz- oder abschnittsweise übersetzt. Redner und Dolmetscher wechseln sich ab, der Dolmetscher befindet sich in unmittelbarer Nähe des Redners. Benutzt der Redner ein Mikrofon, sollte für den Dolmetscher ebenfalls eines vorgesehen werden, das neben dem Rednerpult positioniert werden kann.

2. Simultane Übersetzung
   Hierfür sind spezielle technische Anlagen erforderlich sowie Kopfhörer für die Gäste. Der Dolmetscher übersetzt meist aus einer Kabine. Er hört die Rede per Kopfhörer, spricht die Übersetzung in ein Mikrofon, von dem aus die Übersetzung übertragen wird.

3. Gedruckte Übersetzung
   Die Rede wird in der übersetzten Fassung vervielfältigt und für die Gäste ausgelegt oder ausgeteilt.

Jedes Verfahren hat Vor- und Nachteile. Die konsekutive Übersetzung kostet Zeit, die Simultan-Übersetzung ist wegen der notwendigen Technik recht teuer. Die gedruckte Übersetzung muss mitgelesen werden. Für offizielle Essen beispielsweise kommen auch Kombinationen in Betracht. So kann etwa die Tischrede gedruckt ausgelegt oder simultan übersetzt werden, das anschließende Gespräch unter Tischnachbarn jedoch mit Hilfe eines Konsekutivdolmetschers geführt werden.
Da die Varianten, ein Programm zu gestalten, so enorm vielfältig sind, dass man alleine damit ein Buch füllen könnte, beschränke ich mich an dieser Stelle darauf, auf die häufigsten Fehler aufmerksam zu machen.

Laute Musik

Insbesondere bei Stehempfängen, deren Hauptzweck die Kommunikation ist, wirkt laute Musik enorm störend, weil die Unterhaltung, sofern sie überhaupt noch möglich ist, zur qualvollen Anstrengung wird. Bei solchen Gelegenheiten wirkt allenfalls leise Hintergrundmusik noch angenehm. Zugegeben: für die Ausführenden bietet sich eine wenig verlockende Situation. Sie erbringen eine künstlerische Leistung, die nicht durch Applaus gewürdigt, ja oft nicht einmal bewusst wahrgenommen wird. Sie wird bestenfalls als angenehme „Berieselung“ empfunden.
Solche Umstände müssen mit Künstlern vorher besprochen werden. Doch Vorsicht: Oft ist allein die Möglichkeit eines Auftritts derart attraktiv, dass von Seiten der Künstler Zusagen bezüglich der Lautstärke gemacht werden, die letztlich aus faktischen Gründen (z.B. große Anzahl lauter Musikinstrumente im Klangkörper) nicht einzuhalten sind. Im Übrigen wird *laut* und *leise* unterschiedlich interpretiert. Hinzu kommen die missionarisch Veranlagten mit (nachträglichen!) Äußerungen, wie … *XY-Musik hat eben eine bestimmte Lautstärke, man soll ja auch zuhören …, … und ich finde es gar nicht schlecht, diese Musik dem Publikum näher zu bringen, um es in dieser Richtung weiterzubilden …*
Natürlich kann man Gästen Neues, Ungewohntes, Ausgefallenes, Nichtalltägliches präsentieren, doch wohldosiert und in einer Art und Weise, die letztlich nicht kontraproduktiv sein darf, sonst ist der Veranstaltungserfolg erheblich gefährdet.

Was für die Stehempfänge gilt, gilt vielmehr noch für gesetzte Essen, d.h. Essen mit vorgesehener Platzordnung. Dort ist es nicht möglich, wie bei Stehempfängen vor lauter Musik in die hinterste Ecke des Raumes zu flüchten, man ist an seinen Platz „gefesselt“. Trotzdem ist es nicht ausgeschlossen, auch laute Programmpunkte in einen Essensablauf einzubauen. Zwischen den einzelnen Gängen ist das durchaus möglich. Während des Essens wird jedoch leise Hintergrundmusik deutlich bevorzugt. Das ermöglicht die Unterhaltung bei Tisch, denn auch repräsentative Essen dienen vor allem der Kommunikation (und nicht nur der Nahrungsaufnahme).
In früheren Zeiten wurde Tafelmusik auch schon mal passend zum Menü eigens komponiert. Das würde heute sicherlich jeden Kostenrahmen, vor allem den durch öffentliche Haushalte vorgegebenen, sprengen. Die Auswahl an vorhandener Musik ist zudem so groß, dass sich für alle Gelegenheiten das Richtige finden lässt. Orientieren sollte man sich einerseits am Gästekreis, denn die Gäste sollen sich wohl fühlen, andererseits weist sich der Gastgeber mit dem Programm auch selbst aus. Zudem muss die musikalische Umrahmung zum Anlass, zur Veranstaltungsart und zum übrigen Programm passen.

Ein positives Beispiel aus meiner Praxis war ein Abendessen mit Rahmenprogramm in einer alten Industriehalle. Unter Einsatz von stimmungsvoller Beleuchtung, mit Leuchtern und ausgefallener Blumendekoration geschmückte Tische und üppig eingesetztem Kerzenlicht war eine festliche und gleichfalls behagliche Atmosphäre geschaffen worden. Ein Spitzenkoch mit seinem Team bereitete vor Ort das Menü in Sichtweite der Gäste zu. Vor den einzelnen Gängen stellten Winzer ihre zum Menü gereichten Weine vor, zwischen den Gängen trat ein Künstlerduo mit amüsanten Einlagen auf, das für jeweils fünf bis zehn Minuten die Aufmerksamkeit der Gäste auf sich zog. Während des Essens spielte eine Harfenistin allseits bekannte Musiktitel. Die Harfe als Musikinstrument harmonierte außerordentlich gut mit der alten Industriehalle und der geschaffenen Atmosphäre. Die Besonderheit lag in dem Repertoire der Musikstücke, die normalerweise von bekannten Rock- und Popsängern interpretiert werden, und allgemein bekannt sind.

Nicht am Publikum orientiertes Programm

Was für die Musik gilt, sollte auch für das übrige Rahmenprogramm gelten: der Geschmack des Publikums sollte – jedenfalls überwiegend – getroffen werden. Natürlich können auch Teile enthalten sein, die das Publikum fordern, oder bei einem heterogen zusammengesetzten Kreis mal diesem und mal jenem Teil gefallen. Es ist deshalb auch sehr viel leichter, ein Programm für eine bestimmte Zielgruppe zusammenzustellen als für eine repräsentative offizielle Veranstaltung, wo sich die Gäste als Querschnitt der Gesellschaft widerspiegeln.

Unterschätzen Sie nie die Kommunikationsfreude ihrer Gäste, planen Sie genügend Zeit und Möglichkeiten für Gespräche untereinander ein. Das Programm darf nicht zum Kommunikationsstörer oder Diskussionstöter werden. Bringen sie eine gesunde Mischung von Programmteilen, die besondere Aufmerksamkeit fordern, und solchen, die als angenehmes Beiwerk empfunden werden.

Erwartungen nicht erfüllt

Schön ist es, wenn Gäste nach einer Veranstaltung sagen, es war eine runde Sache, es hat alles gestimmt, wir haben uns wohlgefühlt. Ob sich dieses Gefühl einstellt, ist wesentlich von der Erwartungshaltung der Gäste abhängig. Signalisiert beispielsweise die Einladung einen handverlesenen Personenkreis in stilvoller Atmosphäre, so wird auch eine entsprechende Beköstigung erwartet; hier wären deftige Speisen und Fassbier sicher die falsche Wahl. Solches erwarten Gäste zu Recht bei einer Einladung zum Grill-Abend.

Wählen Sie also aus den folgenden Möglichkeiten das Passende aus:

Knabbergebäck, Fingerfood, Gabelimbiss, Flying Buffet sind für Stehempfänge geeignet. Fingerfood sind kalte/warme Kanapees, Minifrikadellen aus Fleisch, Fisch oder Gemüse, die man auf kleine Spießchen gesteckt auch in Saucen dippen kann, rohe Gemüsesticks zum Dippen, kleine süße oder herzhaft gefüllte Windbeutel, eingebackene Cocktailwürstchen, Mini-Frühlingsröllchen, aufgespießte Obststückchen und vieles mehr. Fingerfood wird auf Platten angeboten, meist werden Papierservietten dazu gereicht, aber keine Teller. Deshalb sollte Fingerfood möglichst Pralinengröße nicht über-

steigen, sonst wird sie schwer handhabbar. Gebrauchte Löffel oder Spießchen legt man in eigens dafür vorgesehene Teller oder Schälchen. Oft sind auf den Platten die frischen kleinen Holzspießchen in einem Schnapsglas, die gebrauchten verschwinden in einem hohen Wasserglas, so dass man nicht aus Versehen zu einem gebrauchten Spießchen greift.
Unter Gabelimbiss versteht man Gerichte, die man von kleineren Teller allein mit der Gabel essen kann, etwa Geschnetzeltes mit Nudeln, Gemüsepfanne, Salate.
Das Flying Buffet bietet eine ähnliche Auswahl wie das fest aufgestellte Buffet, allerdings werden die einzelnen Speisen auf kleineren Tellern an-

gerichtet und vom Bedienungspersonal auf größeren Tabletts serviert. Es gibt nacheinander unterschiedliche Vorspeisenteller, Suppe in kleinen Tässchen, Hauptgerichte, unterschiedliche Dessert- und Käseteller, Kaffee und Süßigkeiten. Passendes Besteck liegt auf dem jeweiligen (Unter-)Teller, Servietten liegen auf Steh- oder Abstelltischen bereit oder werden mit den Speisen angereicht. Für Buffets (rustikal, kalt-warm, Delikatessen) sollten zumindest Stehtische vorhanden sein, Menüs nimmt man im Sitzen ein, Kaffee und Kuchen eignet sich für beides.

Art und Niveau – auch was das Getränkeangebot angeht – müssen der Veranstaltung, der Erwartungshaltung der Gäste, dem Ambiente und natürlich dem Budget angepasst sein. Was hier in einem Satz gesagt wird, ist eine enorme Gedankenarbeit, die in einen Geschicklichkeitstest übertragen dem Austarieren eines Mobiles ähnelt: Wähle ich die Beköstigung zu üppig, reicht das Budget nicht mehr für ein musikalisches Rahmenprogramm. Erweitert sich der Gästekreis, muss ich einen anderen Veranstaltungsort suchen oder aus dem gesetzten Essen einen Stehempfang machen. Ergibt die Budgetplanung einen Fehlbetrag, kann ich die Personenzahl reduzieren, Programm oder Beköstigung zurückfahren, einen billigeren Veranstaltungsort suchen oder zusätzliche Finanzierungsmöglichkeiten eruieren. Wichtig bei all diesen Überlegungen ist, dass die Veranstaltung nicht in eine Schieflage gerät und sich nicht aus Elementen zusammensetzt, die nicht zueinander passen. Was wäre ein Ball in stilvollem Ambiente, bei dem es aus Kostengründen nur Hot Dogs aus der Hand zu essen gäbe? Dann doch lieber ein Scheunenfest mit rustikalem Buffet! Die Gäste fühlen sich am Wohlsten, wenn eine Veranstaltung von der Einladung bis zur Verabschiedung stimmig ist, so wie das wohl austarierte Mobile das Auge erfreut.

Das Programm sollte möglichst von Personen ausgesucht werden, die den Geschmack der Gäste, ihre Erwartungshaltung und die Offenheit für Wagnisse richtig einschätzen können. Die Tendenz des Aussuchenden in eine spezielle künstlerische Richtung oder zu einem bestimmten künstlerischen Stil ist eher nachteilig, weil der Blick dadurch oft auf bestimmte Bereiche oder Zielrichtungen verengt ist.

Erfolgskontrolle und Nachbereitung

Getreu dem aus dem Sport entliehenen und deshalb leicht abgeänderten Motto *Nach der Veranstaltung ist vor der Veranstaltung*, sollte jede Veranstaltung einer Erfolgskontrolle unterzogen werden, um für die Zukunft aus den gemachten Erfahrungen zu lernen und den Veranstaltungserfolg bewerten zu können.

Im Hinblick auf kommende Veranstaltungen sollten folgende Punkte besprochen werden:

- Besonders gelungene Programmteile, weil sie evtl. zur Wiederholung geeignet sind.
- Pannen! Konstruktive Vorschläge zur künftigen Vermeidung sind zu diskutieren. Dabei sind die Regeln sachlicher Kritik einzuhalten. Es genügt keinesfalls *einen Schuldigen* auszumachen. Pannen sind oft das Ergebnis mangelnder Kommunikation und mangelnden Controllings, also von Fehlentwicklungen und weniger des Fehlverhaltens einer einzigen Person.
- Abweichungen vom vorgesehenen Ablauf und deren Bewältigung.

Anekdote

Ich werde oft gefragt, was denn das Schlimmste sei, das im Protokoll passieren könnte. Dazu die spontane Antwort: „Gäste stehen erwartungsfroh vor der Eingangstür, und wir haben den Termin vergessen.“ Passiert nicht, denken Sie, passiert doch, sage ich. Glücklicherweise kenne ich diese Situation nur aus einem Zeitungsbericht: Engagierte Bürgerinnen und Bürger waren zu einem Umtrunk in ihrem Rathausfestsaal eingeladen. Ein Betroffener schildert: „Wir waren da, aber im Rathausfestsaal war eine Hochzeit. Deshalb sollten wir in den Sitzungssaal ausweichen. Doch der war unaufgeräumt. Die Putzfrau war gerade beim Staubsaugen. Auch dort kein Empfang.“ Peinliche Situation. Die Gäste fühlten sich verschaukelt. Dann glaubte der Verantwortliche die Situation retten zu können, indem er jedem ein Farbfoto vom Rathausfestsaal schenkte. Dazu der bissige Kommentar des Journalisten: „Warum hat man nicht noch Fotos von Sekt und Häppchen verschenkt. Und vielleicht wäre es gar der Empfang der Zukunft. Nur mit Fotos: Rein in den Umschlag, und ab geht die Post. Zum Empfang muss dann keiner mehr ins Rathaus.“

Auch eine weitere Frage muss beantwortet werden: Wie sieht die Kosten-Nutzen-Analyse aus? Während die Kosten auf Euro und Cent zu berechnen sind, ist der Nutzen von Veranstaltungen ein immaterieller und daher schwerer zu messen. Trotzdem gilt es, die Resonanz bei den Gästen, das

Presseecho oder einen Imagegewinn einzuschätzen und den Kosten gegenüberzustellen, um den Veranstaltungserfolg zu bewerten und so den Einsatz allgemeiner Gelder, z.B. Steuer-, Firmen- oder Verbandsgelder, zu rechtfertigen.

Je nach Art und Bedeutung der Veranstaltung empfiehlt sich des Weiteren eine Nachbereitung, um das Ereignis im Gedächtnis zu halten, beispielsweise durch das Erstellen einer Dokumentation mit Reden, Fotos, Presseberichten etc., oder auch zur Kontaktpflege, indem Gästen Bilder, Videobänder o.ä. übersandt werden. Dies lässt sich sehr gut auch mit Post zum Jahresrückblick oder – wenn der Zeitabstand nicht zu groß ist – mit der Weihnachtspost verbinden.

Zur internen Nachbereitung gehört, dass sich der Gastgeber/Veranstalter bei allen, die zum guten Gelingen beigetragen haben, bedankt, je nach Engagement auf unterschiedliche Weise, z.B. durch Telefonanruf, Brief oder mit einem besonderen Dankeschön, etwa einem Präsent, einer Einladung zum Umtrunk, zum Essen, zu einer kulturellen Veranstaltung …

Das Dilemma mit der Rangordnung

Das Dilemma mit der Rangordnung

Der gesamte repräsentative Bereich ist durchzogen von Fragen der Rangordnung. Egal, ob Gäste einzuladen, zu begrüßen, zu platzieren sind, es stellt sich die Frage nach dem dafür geeigneten Ordnungskriterium. Während im alltäglichen Bereich Kriterien, wie Alphabet oder Prioritätsprinzip (wer zuerst kommt, mahlt zuerst), oder im privaten Bereich Verwandtschaftsgrad und Lebensalter weiterhelfen können, so muss im offiziellen Bereich die Ordnung sachlich gerechtfertigt sein. Sie soll im staatlichen Bereich die Verfassungsgrundsätze visualisieren und darf keine Elemente enthalten, die gegen die Verfassung verstoßen. Legt man z.B. die Verfassung der Bundesrepublik Deutschland zugrunde darf es keine Bevorzugung von Reichen, Verwandten, Freunden oder eine Benachteiligung wegen Herkunft, Geschlecht, Glaubenszugehörigkeit geben, um nur einige Beispiele zu nennen.

Die einfachste Ordnungsregel der Gesellschaft ist das Prioritätsprinzip. Einfache Ordnungen akzeptieren zivilisierte Gesellschaften nur in Alltagssituationen. Im öffentlichen Leben, zum Beispiel bei der Darstellung nach außen, sind komplizierte Ordnungen zu erstellen. Es greifen andere Regeln als die natürlichen Gegebenheiten, wie z.B. das Herrschen des Stärkeren über den Schwächeren. In allen durch Repräsentation geprägten Bereichen steht das Amt oder die Funktion im Vordergrund.

Beim Erstellen einer Rangordnung gibt es einen großen Ermessensspielraum, aber keine Willkür; die Rangordnung muss unter sachlichen Gesichtspunkten erstellt werden, um nachvollziehbar zu sein. Willkürlich erstellte Rangordnungen werden auf Dauer keinen Bestand haben, weil sie nicht respektiert und letztlich nicht ernst genommen werden. Das Alphabet als Ordnungskriterium ist deshalb lediglich geeignet für administrative Zwecke und für Gelegenheiten, bei denen die neutrale Ordnung das allein angestrebte Ziel ist. Ein Kriterium, das nach meinen Erfahrungen auf allgemeine Akzeptanz stößt, ist das Dienstalter (Anciennität). Hat man beispielsweise mehrere gleichrangige Persönlichkeiten zu platzieren, etwa Abgeordnete, Bürgermeister, Staatssekretäre etc., so erhält derjenige den höheren Rang, der sein Amt oder seine Funktion länger ausübt als der andere, es rangiert also der Abgeordnete, der sein Mandat erst ein halbes Jahr inne hat nach demjenigen, der es bereits seit zwanzig Jahren ausübt. Bei gleichem Dienstalter wird dem Lebensälteren der Vorrang eingeräumt.

Der Grundsatz der Anciennität kann als sinnvolles Ordnungskriterium auch bei Konferenzen und Treffen gleichrangiger Teilnehmer eingesetzt werden, wie zum Beispiel bei Gipfeltreffen, Ministerpräsidenten- oder Fachministerkonferenzen, aber auch bei Begegnungen im Bereich der Wissenschaft und der Wirtschaft.
Auch das Lebensalter kann als Rangkriterium dienen. Für die konstituierenden Sitzungen von Parlamenten ist durchgehend verbindlich geregelt, dass sie durch den Alterspräsidenten, d.h. das Mitglied mit dem höchsten Lebensalter eröffnet werden.
Im Allgemeinen lässt man Angehörigen einer fremden Firma, Behörde oder Institution gegenüber gleichrangigen Angehörigen der eigenen Firma, Behörde oder Institution aus Höflichkeitsgründen den Vorrang.
Ein Vertreter nimmt grundsätzlich nicht den Rang des Vertretenen ein.
Die interne Rangordnung von Organisationen, Unternehmen, Behörden usw. wird von diesen jeweils selbst festgelegt und ist von daher sehr unterschiedlich. Im Einzelfall ist sie aus Organisationsplänen, Satzungen, Geschäftsordnungen u. ä. ersichtlich.
Es kommt häufig vor, dass an der Spitze von Vereinigungen, Institutionen, Verbänden etc. ehrenamtliche Präsidenten, Vorsitzende, Sprecher usw. stehen. Sie sind in aller Regel deren oberste Repräsentanten und gehen deshalb im Rang den hauptamtlichen (Haupt-)Geschäftsführern vor. Meist rangieren die Vizepräsidenten (nach internen Geschäftsordnungen) ebenfalls noch vor ihnen.
Staatliche Rangordnungen umfassen die wichtigsten Ämter aus Staat und Politik. Sie bestimmen das Verhältnis der einzelnen Amtsinhaber und Funktionsträger zueinander. Dieses Beziehungssystem ist meist eine durch soziale, kulturelle und geschichtliche Entwicklung geprägte gewachsene Ordnung, die in einem ständigen Entwicklungsprozess ist, aber dennoch bestehende Hierarchie- und Machtstrukturen zeigt und verfestigt.
Beschränkte man die protokollarische Ordnung darauf, blieben weite Teile des öffentlichen Lebens wie auch herausragende Künstler, Sportler, Wissenschaftler, Wirtschaftler etc. unberücksichtigt. Dies würde den vielfältigen Anlässen für staatliche Veranstaltungen nicht gerecht werden. Deshalb ist für jede Veranstaltung gesondert – unter besonderer Berücksichtigung des

jeweiligen Anlasses und gründend auf der staatlichen Rangfolge – eine sinnvolle und ausgewogene protokollarische Ordnung zu erstellen, die das Gemeinwesen widerspiegelt.
Durch die protokollarische Ordnung lassen sich viele Aspekte der staatlichen Gemeinschaft darstellen. So kann die Bedeutung einzelner Gruppen innerhalb der Gesellschaft unterstrichen werden, etwa dadurch, dass Repräsentanten solcher Gruppen zu besonderen Anlässen eingeladen und platziert werden. Allgemein wird ein Staat seine sportlichen, wissenschaftlichen oder künstlerischen Größen zeigen wollen. Er kann auch Rand- oder Problemgruppen, Jugendliche oder betagte Menschen, Ausländer/innen, Behinderte, den interessierten Staatsbürger oder die Staatsbürgerin an repräsentativen Anlässen an herausgehobener Stelle beteiligen, um sich als pluralistischer demokratischer Staat zu präsentieren oder ein politisches Zeichen zu setzen.
Ein gelungenes Beispiel für die integrationsfördernde Wirkung sind die Einladungen von Bürgerdelegationen zu den zentralen Feierlichkeiten anlässlich des Tages der Deutschen Einheit am 3. Oktober:
Seit einigen Jahren werden zu den zentralen Feierlichkeiten, die jedes Jahr in einem anderen Bundesland stattfinden, aus jedem Land Bürgerdelegationen eingeladen. Zunächst setzten sich diese Delegationen aus Personen zusammen, die sich um die Deutsche Einheit verdient gemacht haben. In den letzten Jahren baten die jeweiligen Gastgeber aber ausdrücklich um die Benennung von Jugendlichen. Diese Jugendlichen habe ich jeweils bei ihrem dreitägigen Aufenthalt begleitet. Am Vorabend des Feiertages begann das Fest gewöhnlich mit einem auf Jugendliche zugeschnittenen Programm unter der Gastgeberschaft des Bundesratspräsidenten. Am Feiertag selbst standen der ökumenische Gottesdienst, der offizielle Festakt sowie der Empfang des Bundespräsidenten auf dem Programm. Anschließend war die Teilnahme am Bürgerfest und meist ein Rockkonzert vorgesehen.
Am meisten beeindruckt hat die Jugendlichen aber immer der offizielle Teil: Die in großer Zahl anwesende Prominenz, das Gefühl dazuzugehören, am Ende des Festaktes die Nationalhymne mitzusingen, die Erfahrung, in den Reden erwähnt zu werden, hat sie den Staat erleben lassen. Ihnen wurde Gelegenheit zur eigenen Integrationserfahrung gegeben.

Alle Teilnehmer haben am Ende des Aufenthalts stets den Wunsch geäußert, noch einmal dabei sein zu dürfen.
Auch im außerstaatlichen Bereich können die nützlichen Funktionen der protokollarischen Rangfolge von Bedeutung sein: Unternehmen / Verbände / Institutionen können mit ihrer Hilfe nicht nur die eigene Struktur, sondern auch die Verbindungen zu anderen Unternehmen / Verbänden / Institutionen und zu Persönlichkeiten aus Politik und Gesellschaft zeigen. Die protokollarische Ordnung bietet zudem Schutz vor ungerechtfertigtem Vordrängeln manch dreister, sich selbst überschätzender Zeitgenossen. Sie wird ihrer Schutzfunktion gerecht, indem sie die jeweils angemessenen Plätze zuordnet.

Blick auf die Bundesrepublik und andere Staaten

In manchen Staaten werden auch heute noch Amts-, Funktions- und Würdenträger in Ranglisten erfasst, die nach dem Vorbild der so genannten Hofranglisten erstellt werden.
In Großbritannien werden solche Rangordnungen vom Hofe veröffentlicht. Sie weisen getrennt nach *Ladies* und *Gentlemen* beginnend bei der Queen Familienangehörige, Vertreter des Adels, von Kirche, Staat und Orden aus und spiegeln die konstitutionelle Monarchie wider. In Frankreich gibt es veröffentlichte Rangordnungen sowohl für Veranstaltungen in Paris als auch für Veranstaltungen in den Departements. Als Spiegel des Zentralismus steht in den Departements der Präfekt als Repräsentant des Staates an erster Stelle, gefolgt von den Abgeordneten, den Senatoren, dem Präsidenten des Regionalrates und dem Präsidenten des Generalrates, um nur die ersten fünf Positionen zu nennen.
In den meisten Staaten, so auch in der Bundesrepublik Deutschland, vielen europäischen Ländern, aber auch in den Vereinigten Staaten von Amerika, existieren keine festgeschriebenen und veröffentlichten Ranglisten, hier haben sich allenfalls Usancen herausgebildet.
Kompliziert ist die Rangordnung bei einem föderalen Staatsaufbau, da die Ränge zwischen Bundesstaat und Gliedstaaten aufgeteilt werden müssen. Bei Volksdemokratien (z.B. China) erfolgt die Aufteilung zwischen Staats- und Parteihierarchie.

In der Bundesrepublik stellt das Grundgesetz die Bürger vor dem Gesetz gleich; es gibt weder durch Geburt noch durch Dekret staatstragende und daher privilegierte Schichten.
Das Grundgesetz trifft Rangentscheidungen insoweit, als es die Staatsform der repräsentativen Demokratie und die Staatsorganisation vorgibt. Es nennt diejenigen Organe, die wesentliche Funktionen des Staates wahrnehmen, nämlich Bundestag, Bundesrat, Bundespräsident, Bundesregierung und Bundesverfassungsgericht. Diese *obersten Verfassungsorgane* bilden die Spitze des Staates und seiner Organisation.
In der Bundesrepublik hat sich in seit Jahren geübter Praxis die Rangfolge Bundespräsident – Bundestagspräsident – Bundeskanzler – Bundesratspräsident – Präsident des Bundesverfassungsgerichts herausgebildet. Diese Folge ist jedoch nicht unumstritten, denn vom Bundesrat wird die Auffassung vertreten, dass der Bundesratspräsident als Vertreter des Bundespräsidenten dem Bundestagspräsidenten vorgeht. Die *Verbeugung* vor dem bundesstaatlichen Prinzip kann als zusätzliches Argument für eine solche Auffassung dienen. Der Bundesrat, durch den die Länder bei der Gesetzgebung und Verwaltung des Bundes mitwirken, hat wegen des föderalen Aufbaus der Bundesrepublik eine herausragende Bedeutung. Ein Zitat aus der Antrittsrede des Saarländischen Ministerpräsidenten als Bundesratspräsident vom 6. November 1992 vor dem Bundesrat ist geeignet, diese Wertung zu stützen: *In der Verfassung der Bundesrepublik Deutschland ist der Föderalismus als innerstaatliche Machtbalance zwischen Bund und Ländern ein Pfeiler der Demokratie. Die Prinzipien des Zentralismus und der Dezentralisierung müssen sich die Waage halten.* Die Frage des Vorrangs von Bundestags- oder Bundesratspräsident wird bei gemeinsamer Anwesenheit jeweils zuvor verhandelt werden müssen, wie etwa auch bei gemeinsamer Gastgeberschaft.

Die Präsidentin *des Deutschen Bundestages*	*Der Präsident* *des Bundesrates*

geben sich die Ehre.

Bei dieser Einladung ist die Rangfolge zu Gunsten der Bundestagspräsidentin getroffen worden. Bei offiziellen Papieren ist – das gilt beispielsweise auch für Unterschriften – die höchste Position stets links, die zweithöchste rechts. Bei drei nebeneinander stehenden Personen oder Unterschriften, ist die mittlere Position die höchste, die linke die zweithöchste und die rechte die dritthöchste.
In der Bundesrepublik Deutschland überlässt der Bundeskanzler, um die Rolle des Parlaments innerhalb der Staatsorganisation aus historischen und verfassungspolitischen Gründen deutlich herauszustellen, dem Bundestagspräsidenten bei gemeinsamen Auftritten den Vorrang. International rangiert im Allgemeinen jedoch nach dem Staatsoberhaupt der Regierungschef und nicht der Parlamentspräsident.
Die Rangordnung innerhalb der staatlichen Verwaltung wird durch die Hierarchie bestimmt. Bei Beamten ergibt die Verbindung von Laufbahnen und Ämtern ein horizontal und vertikal gegliedertes Netz, so dass Beamte durch die Übertragung eines Amtes ihren konkreten Platz in einem hierarchisch gegliederten System erhalten. Dies gilt auch für die Richter. Die Tarifverträge für die nicht-beamteten Angehörigen des öffentlichen Dienstes orientieren sich weitgehend an diesem System. Verhältnismäßig unproblematisch ist die Verknüpfung der Rangordnung auf der Ebene der Bediensteten. Vergleichbare Funktionen, Entscheidungsebenen oder Gehaltsstufen bieten ausreichende Rangmerkmale und Anhaltspunkte.
Rangregeln können auch vereinbart werden, etwa durch zwischenstaatliche Abkommen. Ein Beispiel hierfür ist der Vertrag über die deutsch-französische Zusammenarbeit vom 22.1.1963 (BGBl. 1963 II, Seite 705) sowie die Vereinbarung zwischen Bund und Ländern vom 6.2.1969 über die Durchführung des Vertrages, in der unter Ziffer 3 Absatz 2 der protokollarische Rang des Bevollmächtigten der Bundesrepublik Deutschland für kulturelle Angelegenheiten im Rahmen des Vertrages über die deutsch-französische Zusammenarbeit festgelegt ist. Danach rangiert der Bevollmächtigte nach dem Bundeskanzler in der Reihe der Bundesminister unmittelbar nach dem Bundesminister des Auswärtigen noch vor den übrigen Bundesministern. Die Aufgabe des Bevollmächtigten wird jeweils für vier Jahre einem Länderministerpräsidenten übertragen, der die Bundesrepublik gegenüber Frankreich für den kulturellen Bereich vertritt.

Zudem finden sich Rangregeln in internen Weisungen, Dienstanweisungen, Erlassen, Beschlüssen, aber auch in formellen Gesetzen. Meistens verbergen sie sich in Gesetzen, die andere Materien regeln, zum Beispiel im Gerichtsverfassungsgesetz, in der Geschäftsordnung des Bundestages oder der Landtage oder auch in den Besoldungsordnungen des Bundes und der Länder.

Ranglisten der Bundesrepublik und des europäischen Protokolls

In der Bundesrepublik gibt es keine festgeschriebene oder amtlich veröffentlichte Rangordnung. Für den Dienstgebrauch existieren natürlich Auflistungen, die je nach Quelle recht unterschiedlich sind. Eine gut begründete Rangfolge findet sich bei Jürgen Hartmann, Staatszeremoniell (s. Weiterführende Literatur), S. 157 ff.
In der nachfolgenden Liste sind die nationalen und internationalen Repräsentanten in Gruppen geordnet zusammengefasst. Innerhalb der einzelnen Gruppen sind die Rangunterschiede sehr gering und deshalb ist auch eine alternierende Platzierung möglich, mit Ausnahme der Repräsentanten der obersten Verfassungsorgane in Gruppe I.
Alle vorgenommen Einordnungen können jedoch nur als generelle Richtschnur dienen, denn im Protokoll hat jedes Ereignis seine Eigentümlichkeit und Besonderheiten. Deshalb erfordert die Erstellung einer Rangfolge immer spezifische, auf den Einzelfall abgestellte Gedanken. Die gedankliche Durchdringung des Anlasses und die Umsetzung von Ideen und Inhalten auch durch das Bild einer Rangordnung ist Kern der Protokollarbeit.
Bei offiziellen Veranstaltungen des Bundes, bei denen sowohl ausländische Repräsentanten als auch **Vertreter der deutschen Bundesländer** (nachfolgend hervorgehoben) mit anwesend sind, ist die Orientierung an folgender Rangordnung erkennbar:

Gruppe I:
Bundespräsident
Präsident des Deutschen Bundestages
Bundeskanzler

Präsident des Bundesrates
Präsident des Bundesverfassungsgerichts

Ausländische Staatsoberhäupter, Regierungschefs, Parlamentspräsidenten etc. werden den deutschen Amtsinhabern entsprechend platziert.
Ehrengäste können je nach Anlass direkt nach dem Bundespräsidenten rangieren. Dasselbe gilt für Veranstalter und Hausherren.
Ehemalige Amtsinhaber oberster Verfassungsorgane können je nach Anlass bereits nach der Gruppe der Repräsentanten der obersten Verfassungsorgane eingeordnet werden.
Danach kommen die Repräsentanten der Organe der Europäischen Union (Präsident des Europäischen Parlaments, Präsident des Rates der Europäischen Union, Präsident der Europäischen Kommission und Präsident des Europäischen Gerichtshofes), die Generalsekretäre der wichtigsten internationalen Organisationen (Vereinte Nationen, NATO) und der Präsident der Parlamentarischen Versammlung des Europarates.
Es ist nicht ganz einfach, die Führungsorgane einer internationalen Organisation in einer nationalen Rangordnung zu platzieren. So wird beispielsweise der Generalsekretär der Vereinten Nationen in den meisten Ländern wie ein Regierungschef behandelt. Einige Staaten sehen ihn protokollarisch sogar in der Nähe eines Staatsoberhauptes.
Man kann diese Persönlichkeiten auch als Ehrengäste „hors classe“ behandeln. Damit kann man ihre Platzierung bei geeigneten Anlässen entsprechend korrigieren. Für ein Ereignis beispielsweise mit eindeutigem oder überwiegend europäischem Charakter bedeutet dies, dass Repräsentanten von Organen und Institutionen der Europäischen Union außerhalb der im allgemeinen festgelegten Rangordnung entsprechend höher zu platzieren sind.
Den Abschluss dieser Gruppe bilden die ausländischen Botschafter, an ihrer Spitze der Doyen des Diplomatischen Corps.

Gruppe II:
Stellvertreter des Bundeskanzlers und Bundesminister des Auswärtigen (wird in der Praxis des Auswärtigen Amtes vor Doyen und ausländischen Botschaftern platziert).

Bevollmächtigter der Bundesrepublik Deutschland für kulturelle Angelegenheiten im Rahmen des Vertrages über die deutsch-französische Zusammenarbeit (im deutsch-französischen Kontext)

Übrige Mitglieder der Bundesregierung (in der veröffentlichten Reihenfolge der Ressorts. Derzeit: Bundesminister/in des Innern (BMI); der Justiz (BMJ); der Finanzen (BMF); für Wirtschaft und Arbeit (BMWA); für Verbraucherschutz, Ernährung und Landwirtschaft (BMVEL); der Verteidigung (BMVg); für Familie, Senioren, Frauen und Jugend (BMFSFJ); für Gesundheit und Soziale Sicherung (BMGS); für Verkehr, Bau- und Wohnungswesen (BMVBW); für Umwelt, Naturschutz und Reaktorsicherheit (BMU); für Bildung und Forschung (BMBF); für wirtschaftliche Zusammenarbeit und Entwicklung (BMZ)

Regierungschefs der Länder (nach Anciennität, Vizepräsidenten des Bundesrates kann ein Vorrang eingeräumt werden). Sie rangieren im eigenen Land vor Mitgliedern der Bundesregierung

Vorsitzender der Deutschen Bischofskonferenz und des Rates der Evangelischen Kirche in Deutschland (nach Dienstzeit), der Präsident des Zentralrats der Juden in Deutschland

Kardinäle, Patriarchen

Vorsitzende/Sprecher der im Deutschen Bundestag vertretenen Parteien (nach Fraktionsstärke)

Vorsitzende der Fraktionen des Deutschen Bundestages/des Europäischen Parlaments (nach Fraktionsstärke)

Vizepräsidenten des Deutschen Bundestages/des Europäischen Parlaments

Präsidenten der Landtage / Bürgerschaften

Vorsitzender des Wirtschafts- und Sozialausschusses der Europäischen Union

Vorsitzender des Ausschusses der Regionen der Europäischen Union

Vizepräsidenten der Europäischen Kommission

Mitglieder der Europäischen Kommission

Generalsekretär des EU-Ministerrates

Generalsekretär des Europarates

Vizepräsidenten des Bundesverfassungsgerichts

Erzbischöfe, Landesbischöfe, Bischöfe, Landessuperintendenten, Landesrabbiner

Um einen besonderen europäischen Akzent zu setzen, können die Repräsentanten der EU auch vor die Parteivorsitzenden platziert werden. Das gilt insbesondere für einzelne anwesende Kommissare.

Gruppe III:

a)
Stellvertretende Parteivorsitzende des Deutschen Bundestages
Stellvertretende Fraktionsvorsitzende / Vorsitzende der Ausschüsse des Deutschen Bundestages / des Europäischen Parlaments
Ehemalige Bundesminister, **ehemalige Ministerpräsidenten**

b)
Staatsminister des Bundes, Parlamentarische Staatssekretäre, Staatssekretäre des Bundes
Mitglieder des Deutschen Bundestages / des Europäischen Parlaments
Richter des Bundesverfassungsgerichts
Minister / Senatoren der Länder
Fraktionsvorsitzende und Landesvorsitzende der in den Landtagen / Bürgerschaften vertretenen Parteien, Vizepräsidenten der Landtage / Bürgerschaften
Höchste Repräsentanten der kommunalen Spitzenverbände

c)
Staatssekretäre der Länder im Kabinettsrang
Oberste Repräsentanten der gastgebenden Gemeinde
Deutsche Botschafter im Ausland (bei Veranstaltungen in Deutschland)
(Ständige) Geschäftsträger des Diplomatischen Corps
Bevollmächtigte der Länder beim Bund, soweit sie nicht der Gruppe III b angehören
Präsidenten der obersten Gerichtshöfe des Bundes
Wehrbeauftragter des Deutschen Bundestages
Generalinspekteur der Bundeswehr
Präsident der Europäischen Zentralbank
Präsident der Deutschen Bundesbank

Präsident des Bundesrechnungshofes
Präsident des Europäischen Rechnungshofes
Präsident der Bundesanstalt für Arbeit
Präsidenten der Verfassungsgerichtshöfe der Länder

Gruppe IV:
Direktoren des Bundesrates, Bundestages und des Bundesverfassungsgerichtes
Politische Beamte des Bundes (Besoldungsgruppe B 9)
Inspekteure der Bundeswehr
Mitglieder des Vorstandes der Deutschen Bundesbank
Staatssekretäre und ständige Vertreter der Minister, Präsidenten der Rechnungshöfe der Länder
Abgeordnete der Landtage / Bürgerschaften
Beamte, Soldaten und Richter entsprechend ihrer Besoldungsgruppe

Die protokollarische Behandlung von Repräsentanten der Europäischen Union im Zeremoniell der Bundesrepublik hat sich in den letzten Jahren deutlich verbessert. Hierdurch trägt das Protokoll der Tatsache Rechnung, dass die europäische Einigung immer mehr an Bedeutung gewinnt. Mit dem so genannten Maastrichter Vertrag wurden die Bereiche der politischen Zusammenarbeit erweitert; seit 1. Januar 1993 ist der Binnenmarkt verwirklicht. Am 1. November 1993 trat der Vertrag über die Europäische Union in Kraft, mit dem die Europäische Union gegründet wurde. Eine Währungsunion wurde vereinbart und mit Unterzeichnung des Amsterdamer Vertrags im Jahr 1997 wurden die Mitentscheidungsrechte des Europäischen Parlaments entscheidend erweitert.
Das „Aufrücken" der höchsten Repräsentanten der Europäischen Union entspricht somit der wachsenden Bedeutung der Europäischen Integration für die Bundesrepublik. Es zeigt gleichzeitig, dass eine einmal sich herausgebildete Rangfolge nicht statisch und unveränderbar ist, sondern sich dynamisch entwickelt, wenn sich äußere Gegebenheiten ändern.
Eine zentrale Rolle in der Europäischen Union hat die Europäische Kommission. Ihr Präsident, der heute schon die Europäische Union bei verschie-

denen Anlässen vertritt, rangiert deshalb sowohl im internen Protokoll der Europäischen Union wie auch im bundesrepublikanischen Protokoll entsprechend hoch. Mitglieder der Europäischen Kommission, der Generalsekretär des Rates der Europäischen Union und der Vorsitzende des Ausschusses der Regionen der Europäischen Union werden mit ausländischen und inländischen Ministern gleichbehandelt.

Durch Nuancen in der protokollarischen Wahrnehmung von Repräsentanten der Europäischen Union können Akzente gesetzt und politische Absichten verdeutlicht werden. Bedenkt man, dass sich in den letzten zwanzig Jahren in der protokollarischen Behandlung von Repräsentanten der Europäischen Union Entscheidendes geändert hat, so wird deutlich, dass mit der protokollarischen Ordnung ein hervorragendes Instrument an die Hand gegeben ist, Entwicklungen mitzutragen, aber mehr noch, neue Ideen voranzubringen und zu visualisieren.

Die Ständige Vertretung der Bundesrepublik Deutschland bei der Europäischen Union hat auf Anfrage nachstehende Rangfolge von europäischen Organen und Institutionen sowie von Persönlichkeiten aus diesen Einrichtungen mitgeteilt:

I. Interinstitutionelle Rangfolge
- Europäisches Parlament
- Rat der Europäischen Union
- Europäische Kommission
- Europäischer Gerichtshof
- Europäischer Rechnungshof
- Gericht Erster Instanz
- Europäische Investitionsbank
- Wirtschafts- und Sozialausschuss
- Ausschuss der Regionen
- Europäischer Bürgerbeauftragter

II. Rangfolge unter den Vertretern der Organe und Institutionen
- Präsident des Parlaments
- Präsident des Ministerrates

- Präsident der Kommission
- Präsident des Gerichtshofes
- Präsident des Rechnungshofes
- Mitglieder des Ministerrates (Außenminister)
- Mitglieder des Ministerrates (weitere Minister)
- Vizepräsident des Parlaments und der Kommission
- Präsident des Gerichts Erster Instanz
- Präsident der Europäischen Investitionsbank
- Präsident des Wirtschafts- und Sozialausschusses
- Präsident des Ausschusses der Regionen
- Mitglieder des Parlaments und der Kommission
- Richter und Generalanwälte des Gerichtshofes
- Mitglieder des Rechnungshofes
- Ständige Vertreter bei der Europäischen Union
- Vizepräsident der Europäischen Investitionsbank
- Vizepräsident des Wirtschafts- und Sozialausschusses
- Vizepräsident des Ausschusses der Regionen
- Richter des Gerichts Erster Instanz
- Mitglieder des Wirtschafts- und Sozialausschusses
- Mitglieder des Ausschusses der Regionen
- Generalsekretäre der Institutionen und Organe der Europäischen Union
- Europäischer Bürgerbeauftragter
- Generaldirektoren der europäischen Institutionen
- Direktoren der europäischen Institutionen

Rangfolge innerhalb des Europäischen Parlamentes:
Der Präsident des Parlaments rangiert vor allen Amtsträgern der Europäischen Union an erster Stelle.

Die interne Rangliste für das Parlament ist wie folgt:
1. Präsident des Parlaments
2. Die 14 Vizepräsidenten nach Anciennität
3. Vorsitzende der politischen Gruppen (Fraktionen) im Parlament nach deren Mitgliederstärke oder Lebensalter der Vorsitzenden

4. Die Ausschussvorsitzenden nach Lebensalter
5. Die stellvertretenden Ausschussvorsitzenden nach Lebensalter
6. Die Parlamentsmitglieder nach Lebensalter

Die erste Festschreibung des Europäischen Protokolls für Veranstaltungen in Brüssel wird nachstehend wiedergegeben:

Präambel
Die Gemeinschaft hat über Jahre hinweg ohne formelles Protokoll gehandelt. Mit ihrer stetigen Entwicklung mussten diese Angelegenheiten jedoch mehr und mehr formalisiert werden.

Nachfolgende Rangordnung kombiniert Vertreter der Gemeinschaft mit Diplomaten und Vertretern anderer in Brüssel ansässiger Organisationen:

1. Botschafter, die beim Empfangsstaat akkreditiert sind*
2. Präsident des Europäischen Parlaments
3. Amtierender Präsident des EU-Ministerrates
4. Generalsekretär der NATO**
   Präsident der Kommission**
5. Präsident des Europäischen Gerichtshofes
6. Präsident des Rechnungshofes
7. Mitglieder des Ministerrates (Außenminister)
8. Mitglieder des Ministerrates (Fachminister)
9. Präsident des Gerichts Erster Instanz
10. Vizepräsidenten des Europäischen Parlaments
11. Vizepräsidenten der Kommission
12. Mitglieder des Europäischen Parlaments
13. Mitglieder der Kommission
14. Richter, Generalanwälte und Registrar / Greffier des Gerichtshofes
15. Ständige Vertreter bei der Europäischen Union*
    Ständige Vertreter beim Nordatlantikrat (NAC)*
    Missionschefs bei der Europäischen Union*
16. Stellvertretender Generalsekretär der NATO
17. Oberbefehlshaber der alliierten Streitkräfte in Europa

18. Stellvertretender Oberbefehlshaber der alliierten Streitkräfte in Europa
19. Geschäftsträger, die beim Empfangsstaat (Belgien) akkreditiert sind
20. Geschäftsträger, die bei der Europäischen Union akkreditiert sind
21. Präsident der Europäischen Investitionsbank
22. Mitglieder des Rechnungshofes
23. Richter des Gerichts Erster Instanz
24. Vizepräsidenten der Europäischen Investitionsbank
25. Mitglieder des Wirtschafts- und Sozialausschusses
26. Generalsekretäre des Rates und der Kommission
    Generalsekretäre der übrigen Europäischen Institutionen
27. Vertreter der Länder bei Internationalen Organisationen
28. Generaldirektoren Internationaler Organisationen
29. Generaldirektoren der Europäischen Union
30. Gesandte
31. Direktoren der Europäischen Union
32. Gesandte-Botschaftsräte
33. Botschaftsräte und Militärattaché
34. Abteilungsleiter der Europäischen Union
35. Erste Botschaftssekretäre
36. Hauptverwaltungsbeamte der Europäischen Union
37. Botschaftssekretäre
38. Verwaltungsbeamte der Europäischen Union

* Die Rangfolge zwischen den verschiedenen Botschafterkorps in Brüssel ist durch einen Runderlass des belgischen Außenministers vom 17. 01. 1973 geregelt. Hiernach kommen die Botschafter beim Königreich Belgien (bilaterale Botschafter) an erster Stelle. Die Rangfolge der anderen drei Klassen von Botschaftern wechselt jährlich jeweils vom 1. 9. bis zum 31. 8. auf folgender Grundlage:
- in geradzahligen Jahren rangieren die Ständigen Vertreter beim Nordatlantikrat an zweiter Stelle
- in ungeradzahligen Jahren rangieren die Ständigen Vertreter bei der Europäischen Union und die Missionschefs bei der Europäischen Union an zweiter Stelle.

** Über die Rangfolge von NATO-Generalsekretär und EU-Kommissionspräsident besteht Uneinigkeit: Das Protokoll der Kommission setzt den Kommissionspräsidenten an erste Stelle, während das Protokoll der NATO betont, dass unter gewissen Umständen der NATO-Generalsekretär gleichrangig mit einem Staatsoberhaupt ist, wie z.B. bei einem offiziellen Besuch eines Landes und in seiner Eigenschaft als Vorsitzender des Nordatlantikrates.

Praxis in den Ländern der Bundesrepublik

Wie wir in den Darstellungen der letzten Abschnitte gesehen haben, ist die staatliche Rangfolge geprägt vom Grundsatz der politischen Vertretung. In den Verfassungen der Länder sind die dafür vorgesehenen Organe des Volkswillens bestimmt: Parlament, Regierung, Verfassungsgericht. Ihre Repräsentanten und die Vertreter anderer Institutionen sowie Persönlichkeiten des öffentlichen Lebens sind ihrer Bedeutung entsprechend einander zuzuordnen, bei einer konkreten Rangfolge unter Betrachtung des Anlasses als Kristallisationspunkt.

Die beiden höchsten Vertreter eines Landes sind die Präsidenten von Parlament und Regierung. Wer von beiden den höheren Rang einnimmt, ist umstritten. Nach den Verfassungen der Länder vertreten die Ministerpräsidenten das Land (nach außen). Sie sind damit oberste Repräsentanten der Länder, d.h. wenn im Staatszeremoniell bei offiziellen Anlässen die Länder sichtbar werden sollen, geschieht dies durch vorrangige Platzierung des obersten Repräsentanten. So wird es auf Bundesebene seit Jahren praktiziert; hier folgen die Landtagspräsidenten im Rang den Ministerpräsidenten.

Ein Vorrang des Ministerpräsidenten kann auch dann gesehen werden, wenn die jeweilige Verfassung ihm neben den Aufgaben des Regierungschefs auch typische Aufgaben eines Staatsoberhauptes zuweist, wie offizielle Repräsentation, Gnadenrecht oder Ehrenhoheit.

Für den Vorrang des Landtagspräsidenten spricht, dass er die Volksvertretung repräsentiert, die ihre direkte Legitimation vom Volk als dem Souverän hat, so dass ihm innerhalb des Landes der Vorrang vor den Ministerpräsidenten, z.B. bei Begrüßungen, gegeben werden kann. Im Innenverhältnis, z.B. bei Landtagssitzungen, wird regelmäßig durch Parlamentszeremoniell ein Vorrang des Landtagspräsidenten eingeräumt.

In der Praxis ist diese Frage nur relevant, wenn beide gleichzeitig anwesend sind, begrüßt oder platziert werden müssen.

In den Bundesländern ist die allgemeine Tendenz, dass die Chefs der Landesregierungen vor den Präsidenten der Länderparlamente rangieren. Als Reverenz gegenüber dem Parlament lässt aber beispielsweise der saarländische Ministerpräsident dem Landtagspräsidenten bei gemeinsamen Auftritten den Vorrang – ähnlich wie auf Bundesebene der Bundeskanzler dem Bundestagspräsidenten – oder begrüßt ihn „als ersten Repräsentanten des Landes".

Bei gleichzeitiger Anwesenheit von Bundesministern und Landesministerpräsident rangiert der Ministerpräsident bei Ereignissen im *eigenen* Land vor Bundesministern.

In der weiteren Rangordnung folgen die Mitglieder der Landesregierung (in der veröffentlichten Reihenfolge, derzeit im Saarland: Minister/in für Finanzen und Bundesangelegenheiten; für Inneres und Sport; für Wirtschaft; der Justiz; für Bildung, Kultur und Wissenschaft; für Frauen, Arbeit, Gesundheit und Soziales; für Umwelt), der Präsident des Verfassungsgerichtshofes, Fraktionsvorsitzende und Vizepräsidenten des Landtages. Nach landtagsinternem Protokoll rangieren die Vizepräsidenten meist vor den Fraktionsvorsitzenden, im staatlichen Protokoll – auch auf Bundesebene – wird den Fraktionsvorsitzenden der Vorrang eingeräumt.

Eine herausgehobene Position hat der Bürgermeister der Landeshauptstadt. Er rangiert regelmäßig in oder nach der vorgenannten Gruppe. Je nach Anlass ist diese Einstufung auch für den Doyen des Konsularischen Korps zu empfehlen.

Es folgen die Staatssekretäre und die Landtagsabgeordneten. Beim Bundesprotokoll ist die Rangentscheidung zugunsten der Staatssekretäre getroffen worden, sowohl was den Vorrang der Parlamentarischen Staatssekretäre (was nachvollziehbar ist, da sie Bundestagsmitglieder sind) und der beamteten Staatssekretäre auf Bundesebene angeht, als auch der Länderstaatssekretäre vor Abgeordneten der Länderparlamente. Der Rang eines Landtagsabgeordneten kann jedoch mit gutem Grund höher eingestuft werden als der eines beamteten Staatssekretärs, da die Wahl eines politischen Vertreters in ein Parlament gegenüber einer Ernennung die höhere Legitimation hat. Lediglich Staatssekretären mit Kabinettsrang kann ein Vorzug eingeräumt werden.

Als nächste Gruppe sind die Regierungspräsidenten, Oberbürgermeister kreisfreier Städte, Landräte und (Ober-)Bürgermeister kreisangehöriger Städte und Gemeinden zu nennen. Ist für sie untereinander eine Ordnung zu erstellen, geben Besoldungsordnung oder Dienstalter geeignete Anhaltspunkte. Der Bürgermeister einer für ein staatliches Ereignis gastgebenden

Stadt kann bevorzugt platziert werden, etwa wie der Oberbürgermeister der Landeshauptstadt.
Danach sind die Präsidenten der obersten Gerichte im Land, die Repräsentanten der Körperschaften des öffentlichen Rechts, oberste Gewerkschafts- und Verbandsvertreter einzustufen.
Sind ehemalige Ministerpräsidenten oder Landtagspräsidenten zu platzieren, so rangieren sie je nach Anlass unmittelbar nach den derzeitigen Amtsinhabern oder in der Reihe der Kabinettsmitglieder.
Bei hochrangigen kirchlichen Vertretern kann eine rangmäßige Zuordnung vor oder bei den Landtagsabgeordneten erfolgen.
Die Rangfolge der konsularischen Vertreter in einem Land ist an ihrer Amtsbezeichnung abzulesen: Generalkonsul, Konsul, Vizekonsul. Vorrang hat der Doyen des konsularischen Korps; er ist entweder als Ranghöchster der Doyen, wie beispielsweise der Generalkonsul der Französischen Republik im Saarland, oder als Dienstältester. Meist hat er im Korps eine Sprecherfunktion. Honorarkonsuln haben keinen festen Platz in der Rangordnung, es sei denn, das Konsularkorps tritt geschlossen auf. Sie werden nach persönlicher Bedeutung eingestuft.
Behördenleiter werden entsprechend ihrer Besoldungsgruppe eingeordnet. Im Saarland beispielsweise rangiert der Präsident des Rechnungshofes in der Höhe der Staatssekretäre.
Personen, die von der staatlichen Rangfolge nicht erfasst sind, wie herausragende Wissenschaftler, Wirtschaftler, Künstler, Sportler oder aus den Medien bekannte Persönlichkeiten werden ihrer Bedeutung im öffentlichen Leben und ihrem Ansehen entsprechend mit viel Fingerspitzengefühl eingeordnet.
Regelmäßig wird es in den Ländern ortseigentümliche Gepflogenheiten geben, die sinnvollerweise in die Überlegungen zur protokollarischen Ordnung mit einfließen, z.B. die herausragende Einstufung hoher kirchlicher Würdenträger.

FÖRMLICH BEGRÜSSEN UND PLATZIEREN

Es vergeht kaum eine Woche, manchmal kein Tag, an dem nicht bei mir nach Rangfolgen, Rednerfolgen und korrekten Platzierungen gefragt wird. Bei jeder Veranstaltung, die einen offiziellen, förmlichen oder festlichen Charakter hat, treten diese Fragen auf. Wenn Reden gehalten werden sollen, muss man sich zwangsläufig über die Reihenfolge der Redner Gedanken machen – denn: die Gäste tun es auch! Genauso verhält es sich mit der Reihenfolge der Begrüßung am Anfang einer Rede und mit der Platzierung der Gäste in Stuhlreihen oder bei Tisch.

Nun kann man natürlich die Frage stellen: Muss das sein? Geht es nicht genauso gut oder vielleicht besser ohne (Rang-)Ordnung? Warum sich die ganzen Gedanken machen und am Ende doch Niemanden zufrieden stellen?

Für private gesellige Zusammenkünfte im Freundes- und Bekanntenkreis ist es sicherlich so, dass auf solche Ordnungen verzichtet werden kann. Man platziert die Gäste nach ihren Interessen, ihren Charakteren – eben wie sie am besten harmonieren und wie es einer guten Kommunikation förderlich ist – oder man überlässt es jedem selbst, einen genehmen Platz zu finden.

Bei offiziellen, förmlichen oder festlichen Veranstaltungen steht nicht – wie bei privaten Runden – das Gesellige im Vordergrund. Sie dienen der Repräsentation, beispielsweise von Staat oder Kommune, im gesellschaftlichen Bereich von Vereinigungen oder Institutionen, im Wirtschaftsleben von Verbänden oder Unternehmen. Sie sind Mittel der Selbstdarstellung. Über solche Veranstaltungen wird in aller Regel in den Medien oder auf eigenen Internet-Seiten berichtet. Durch Bilder und Texte erhalten Außenstehende Informationen über den Gästekreis, den Ablauf der Veranstaltung, Redeinhalte, Platzierungen und vieles mehr, die natürlich bewusst oder unbewusst ausgewertet werden: den eigenen Chef, den Bürgermeister, den Verbandsvorsitzenden oder gar sich selbst in der Berichterstattung wieder zu finden, verfehlt nicht seine Wirkung.

Für die Gäste selbst haben solche Veranstaltungen eine deutliche Integrationswirkung. Allein schon eine Einladung zu erhalten, ist ein Wert an sich; es ist ein deutliches Signal der Zugehörigkeit zu einem bestimmten Kreis.

Aus eigener Erfahrung weiß ich zum Beispiel wie begehrt Einladungen zum Neujahrsempfang des Ministerpräsidenten sind. Sobald die ersten Einladungen versandt sind, stehen Telefon und Fax nicht mehr still; auf unter-

schiedlichste Art und Weise wird versucht, an Einladungen heranzukommen: meist wird behauptet, ein Regierungsmitglied habe die Einladung *versprochen*, andere stellen ihre Bedeutung im geschäftlichen oder gesellschaftlichen Leben heraus, einige wenige äußern in entwaffnender Ehrlichkeit, dass sie auch einmal *sehen und gesehen werden* möchten. Gottlob erhalte ich selten Anrufe, wie *Ich bin selbst jedes Jahr Gast beim Neujahrsempfang, und wenn ich sehe, wer dort alles eingeladen ist, nämlich Hinz und Kunz, dann fände ich es richtig, wenn Herr ... auch eine Einladung bekäme. Er repräsentiert auf jeden Fall besser das Land als ...*
Es gibt kaum einen Trick, der nicht angewandt wird, von der Anforderung einer „Muster-Einladung" bis hin zu der jährlich wiederkehrenden Behauptung, die eigene Einladung sei auf dem Postwege verloren gegangen und man bitte um die Zusendung einer neuen.
Es versteht sich von selbst, dass bei Einladungen jeglicher Art, auch der privaten, nicht willkürlich vorgegangen wird. Der Gästekreis muss in das Gesamtkonzept der Veranstaltung passen.

Der Anlass zieht sich wie ein roter Faden durch die zu erstellende protokollarische Rangfolge. Besonders deutlich wird dies, wenn eine Person als Ehrengast herausgestellt wird, z.B. bei Ordensauszeichnungen oder Preisverleihungen. Sind staatliche Repräsentanten zu ordnen, können die im vorherigen Abschnitt beschriebenen Rangfolgen geeignete Anhaltspunkte sein.
Ein konkretes Beispiel hierfür waren die Feierlichkeiten zum Tag der Deutschen Einheit 1993 im Saarland, in deren Rahmen die Platzierung des damals amtierenden Präsidenten der EU-Kommission Jacques Delors vorzunehmen war. Um öffentlich zu bekunden, dass sich das Saarland als Teil einer grenzüberschreitenden Region mit deutlicher europäischer Kompetenz versteht, wurde der 3. Oktober 1993 als eigentlich nationaler Feiertag europäisch begangen. In diesem Zusammenhang ist zu erwähnen, dass das Saarland den Europagedanken als erstes Bundesland in seiner Verfassung verankert hat.
In dem damaligen Einladungsschreiben des Ministerpräsidenten als Präsident des Bundesrates an den Präsidenten der Kommission der Europäischen Gemeinschaften Jacques Delors hieß es wörtlich:

... ist es mir ein vorrangiges Anliegen, an diesem Tag die europäische Kompetenz unseres Landes wie auch die grenzüberschreitende regionale Zusammenarbeit hervorzuheben. Vor allem ist es mein Wunsch, dass im Zusammenhang mit der deutschen Einheit der europäische Gedanke gefördert wird.

In der Platzordnung für den Festakt zum Tag der Deutschen Einheit rangierte Herr Delors, der auch die Festrede hielt, dem Akzent der Veranstaltung entsprechend gleichrangig mit den Repräsentanten der obersten Verfassungsorgane der Bundesrepublik. Der Gastgeber würdigte in der Begrüßungsrede seine Mitwirkung: *Seine Teilnahme am deutschen Nationalfeiertag ist mehr als eine protokollarische Höflichkeit: Sie ist eine symbolische, eine politische Aussage.*
Das außerordentlich positive Presseecho mit Überschriften wie *Einheitsfeier im Zeichen Europas, Plaidoyer pour l'Europe, Saarland hat dem 3. Oktober neue Richtung gegeben, Ein völkerverbindender Nationalfeiertag, Alemania celebra el tercer aniversario de la unificación con un tono europeísta* zeigen, dass Medien und Bevölkerung das Signal verstanden haben.

Eine konkrete Rangfolge muss immer vom Anlass her bestimmt sein. Sie ist das Ergebnis einer den Gesamtzusammenhang würdigenden Gedankenarbeit, bei der vielfältige Aspekte zu berücksichtigen sind und die zur Überzeugung aller Beteiligten zu leisten ist. Sie erfordert Augenmaß, Feingefühl und Erfahrung. Hilfreich ist eine klare Strukturierung der Akteure (z.B. nach Gastgeber, Hausherr, Redner) und des Gästekreises (nach Ehrengästen, Gästen aus Staat, Politik und Gesellschaft). Orientierungspunkt jeder Rangordnung ist die Stellung des Gastgebers, er begrüßt als erster seine Gäste, nimmt den höchsten Platz ein und um ihn gruppieren sich die Anwesenden. Dem Hausherrn oder auch dem Repräsentanten, auf dessen Gebiet (Stadt, Kreis usw.) eine Veranstaltung stattfindet, können Sonderpositionen eingeräumt werden. Ebenfalls den Rednern, denn sie haben zum Ereignis einen besonderen Bezug, sonst kämen sie als Redner nicht in Betracht. Die staatlichen Gäste und politischen Vertreter können sehr gut unter Beachtung der ab Seite 96ff aufgestellten Rangordnung (und bei aller Flexibilität im

Einzelfall) untereinander geordnet werden. Vertreter aus Gesellschaft und Kommune (evtl. auch Sponsoren und Medien) sind ebenfalls nach Wichtigkeit (gemessen am Anlass und Gesamtzusammenhang) und untereinander nach interner Hierarchie zu ordnen und mit der bereits aufgestellten Ordnung zu verzahnen, dass am Ende sowohl eine vertikale wie horizontale Ausgewogenheit erreicht wird.

Rednerfolge

Es ist im gesellschaftlichen wie im repräsentativen Bereich dem Gastgeber vorbehalten, als erster das Wort an die Gäste zu richten. Er übernimmt dabei auch die Aufgabe der Begrüßung der Gäste und Ehrengäste. Sind nach der Rede des Gastgebers weitere Reden vorgesehen, so stellt sich die Frage nach der Reihenfolge der Redner. Im offiziellen Bereich der Bundsrepublik Deutschland gilt die so genannte fallende Rangfolge, d.h. der ranghöchste Redner spricht nach dem Gastgeber, die weiteren Redner folgen gemäß ihrem Rang. In unserem Nachbarland Frankreich ist es dagegen gerade umgekehrt; hier spricht der ranghöchste Gast als letzter. Es gilt dort sogar als grobe Unhöflichkeit, nach dem ranghöchsten Redner noch einmal das Wort an die Gäste zu richten.
Sowohl die aufsteigende als auch die fallende Rednerfolge haben ihre Vorteile. Spricht der ranghöchste Redner zuerst, kann er auf jeden Fall sein Konzept einhalten, hat allerdings auch keine Gelegenheit mehr, auf später Geäußertes (evtl. korrigierend) einzugehen. Spricht der ranghöchste Redner zuletzt, kommt er unter Umständen in die Lage, sein Redekonzept abändern zu müssen, kann aber auch auf das vorher Gesagte eingehen und hat im wahrsten Sinne *das letzte Wort.*

Begrüssungsfolge

Zu Beginn einer Begrüßungsrede, die üblicherweise dem Gastgeber zufällt, erfolgt die Begrüßung der Gäste und Ehrengäste. Während für die Begrüßung der Gäste ein allgemeiner Willkommensgruß ausreichend ist, werden Ehrengäste mit einer besonderen Begrüßung bedacht. Der Gastgeber kann diese

Gelegenheit auch nutzen, dem Publikum seine Ehrengäste vorzustellen. Im übrigen sind Anzahl und Qualität der Ehrengäste Gradmesser für die Wertigkeit einer Veranstaltung. Auch aus diesem Grunde wird kein Gastgeber darauf verzichten wollen, seine Ehrengäste öffentlich zu begrüßen. Eine Möglichkeit dafür ist, vor der allgemeinen Anrede *Meine sehr geehrten Damen und Herren* die besonders zu Begrüßenden aufzulisten *Exzellenzen, sehr geehrte Frau Bundesministerin, sehr geehrter Herr Generalsekretär* usw. Diese Reihenfolge der Begrüßung am Anfang gibt in der Regel die Rangfolge der Begrüßten wieder. Orientierungspunkt für die Begrüßungsfolge ist der eigene Rang. Begrüßt wird in aller Regel ab dem eigenen Rang aufwärts sowie besondere Ehrengäste.
Ist die Rangfolge nicht korrekt gewählt, kann das zu erheblichen Verstimmungen führen, es kommt Ärger auf, noch bevor die Veranstaltung richtig begonnen hat. Die Empfindlichkeiten in diesem Bereich sind größer als man ahnt. Deshalb lautet meine Empfehlung, die Begrüßung der Ehrengäste in einen Text zu kleiden und nicht als Aufzählung voranzustellen. Erstens wird die Reihenfolge nicht so augenscheinlich, zweitens können sehr gut Gruppen gebildet werden, was bei der Begrüßung vieler Ehrengäste von Vorteil ist, drittens wird für das Publikum nachvollziehbar, weshalb die genannten Gäste besonders begrüßt werden, wenn das Verbindende in der Begrüßungsrede ausgeführt wird und schließlich hat der Gastgeber noch die Möglichkeit, auch auf den zuletzt Genannten noch einen Akzent zu setzen, indem er ihn besonders herausstellt.

Die nachstehende Begrüßungsrede der Vorsitzenden der Unternehmerfrauen im Handwerk anlässlich eines Adventskonzerts ist meines Erachtens ein hervorragendes Beispiel für eine Begrüßung, in der alle 240 anwesenden Gäste auf die eine oder andere Art Erwähnung finden, die aber gleichwohl interessant und kurzweilig ist:

Meine sehr geehrten Damen und Herren,
im Namen der Unternehmerfrauen im Handwerk und der Stiftung Saarländisches Handwerk begrüße ich Sie und heiße Sie herzlich willkommen zu unserem diesjährigen Adventskonzert.

Auch in diesem Jahr wird unser Konzert wieder von Meisterschülern der Hochschule für Musik und Theater gestaltet unter der Leitung von Herrn Professor Raimond Gilvan, mit Rezitationen von Herrn Professor Heinrich Lukas Woll.
Von Beginn an haben wir unsere Konzerte mit der Musikhochschule gestaltet – eine erfolgreiche Zusammenarbeit, die beiden Seiten Spaß macht. Und wenn ich mich im Saal so umschaue, und sehe dass alle Stühle besetzt sind, dann kann ich sagen, Sie bestätigen uns darin.
Auch die Stiftung Saarländisches Handwerk hat uns von Anfang an darin bestätigt und unterstützt.
Ich begrüße an dieser Stelle ganz herzlich den Vorsitzenden der Stiftung Saarländisches Handwerk, den Hausherrn und Präsidenten der Handwerkskammer des Saarlandes, Herrn Winfried Frank mit seiner Frau. Ich möchte mich bei Ihnen nicht nur für die Unterstützung bei der Ausrichtung des Konzerts bedanken. Denn das ist nur ein ganz kleiner Teil, gemessen an dem was Sie uns in fast zwanzig Jahren an Unterstützung gegeben haben. Niemand sonst hat so fest an uns geglaubt und hat es verstanden dieses gewaltige Potential, das im Verborgenen schlummerte zu wecken und für ein Engagement im Handwerk zu begeistern. Dafür nochmals unser aller Dank.
Als Mitglieder der CDU-Landtagsfraktion heiße ich Frau Anke Heimes und Herrn Bernd Wegener herzlich willkommen. Frau Heimes, leider hatten wir beide dieses Jahr so viel um die Ohren, so dass unsere geplante Zusammenkunft bisher noch nicht stattgefunden hat. Aber ich hoffe, Ihr Angebot steht noch.
Genauso herzlich begrüße ich die Vertreterin der SPD-Landtagsfraktion Frau Karin Lavall, die uns im Aufbau von beruflichen Qualifikationsmaßnahmen für die mitarbeitenden Unternehmerfrauen in der Vergangenheit sehr unterstützt hat.
Des Weiteren begrüße ich den Staatssekretär im Innenministerium, Herrn Müllenbach, und Herrn Heinz vom Wirtschaftsministerium.
Und noch einen ganz lieben und treuen Gast möchte ich begrüßen, den Honorarkonsul von Luxemburg, Herrn Michel Obertin mit Gattin. Ein herzliches Bienvenue an Sie beide.

Ein Bienvenue auch an den Hauptgeschäftsführer, der Handwerkskammer des Saarlandes, Herrn Georg Brenner, und den stellvertretenden Hauptgeschäftsführer, Herrn Bernd Reis.
Ich freue mich besonders, den Vizepräsidenten der Handwerkskammer, Herrn Kirf, und Herrn Birkelbach vom Vorstand der Handwerkskammer hier bei uns begrüßen zu können.
Als ehemaligen Vizepräsidenten heiße ich Herrn Kurt Raubenheimer ganz herzlich willkommen.
Ebenso die Mitglieder der Vollversammlung, die Landesinnungsmeister und Obermeister. Bei Ihnen allen bedanke ich mich für die gute Zusammenarbeit, und dies nicht nur in der Vollversammlung. Erwähnen möchte ich an dieser Stelle unsere Gemeinschaftsveranstaltung im Oktober mit der Landesinnung Elektro, dem AGV Bau und dem Forum Junger Handwerksunternehmer. Eine sehr erfolgreiche Veranstaltung, wie ich sagen kann, und ich wünsche mir, dass wir in Zukunft diese Art von Miteinander noch intensivieren können.
Ganz herzlich begrüße ich die Vertreter der Arbeitsverwaltung, an ihrer Spitze Frau Monika Varnhagen, Direktorin des Arbeitsamtes Neunkirchen.
Und auch die Herren vom Heeresinstandsetzungswerk 860 in St. Wendel, Oberst Zeisig und Oberst Kaltenbach darf ich wie jedes Jahr wieder bei uns begrüßen.
Herzlich willkommen heiße ich auch die Vertreter der Landkreise, Städte und Gemeinden, die Vertreter der Banken und Sparkassen, sowie die Vertreter der Wirtschaftsförderungsgesellschaften, der Steuerberater- und der Ärztekammer.
Ich begrüße die Vertreter der staatlichen Meisterschule, die Dozenten der Handwerkskammer sowie die Vertreter der Berufsbildungszentren. Mein Dank gilt insbesondere den Dozenten, die uns seit vielen Jahren treu sind, und immer wieder bereitwillig als Referenten zur Verfügung stehen.
Ebenso herzlich willkommen heiße ich die Vertreter des Forums junger Handwerksunternehmer und die Vertreter des Frauenrates.
Meine Damen und Herren und wie könnte ich Sie vergessen:
Ich begrüße ganz herzlich die Mitglieder der Unternehmerfrauen im Handwerk. An dieser Stelle ein ganz herzliches Dankeschön an Euch für Euer

Engagement und Eure Unterstützung, die Ihr dem gesamten Vorstand gewährt.
Ich heiße Sie alle, meine Damen und Herren, und man möge mir verzeihen, wenn ich jemanden vergessen habe, nochmals ganz herzlich willkommen.

Trotz der Erleichterungen, die ein Begrüßungstext bietet, ist kein Gastgeber davon befreit, eine Begrüßungsfolge auch nach Ranggesichtspunkten aufzustellen, unter angemessener Berücksichtigung des Anlasses. Besonders deutlich wird dies, z.B. bei Ordensauszeichnungen oder Preisverleihungen. Hier wird die zu ehrende Person in den Mittelpunkt gerückt. Eine Begrüßung könnte folgendermaßen aussehen: *Meine sehr geehrten Damen und Herren, ich begrüße Sie alle sehr herzlich zur Verleihung des … Mein besonderer Gruß gilt den Preisträgern Frau Soundso und Herrn Anders, die im Mittelpunkt der heutigen Ehrung stehen …*
Vielfach ist der Rat zu lesen und zu hören, man solle den Kreis der namentlich zu Begrüßenden möglichst klein halten. Nur wie? Aus Höflichkeitsgründen ist der Gastgeber bei offiziellen Veranstaltungen gehalten, alle besonders zu begrüßen, die im Rang höher sind als er selbst, dazu kommen die Ehrengäste. Also ist dieser Rat nur befolgbar, wenn bereits bei der Zusammenstellung des Einladungskreises darauf geachtet wird, den Kreis der Höherrangigen klein zu halten.

Anhand der bundesrepublikanischen Rangfolge und unter Berücksichtigung der darin enthaltenen Ordnungskriterien kann man Anhaltspunkte für die eigene zu fertigende Rangfolge gewinnen. Es ist besonders darauf zu achten, dass die Begrüßungsfolge bei den Gästen Akzeptanz findet, d.h. sie muss nachvollziehbar und begründet sein.
Neben der bundesrepublikanischen können auch die Rangfolgen in den Bundesländern Anhaltspunkte für die zu fertigende Rangfolge sein. Nach übereinstimmender Praxis in allen Bundesländern werden dort keine Rangfolgen veröffentlicht, sondern Einzelauskünfte bei konkreten Fragen über das Rangverhältnis zu ordnender Persönlichkeiten bei einem speziellen Anlass gegeben. Damit soll verhindert werden, dass solche allgemeinen Rangfolgen ohne Berücksichtigung des jeweiligen Anlasses oder sonstiger besonderer

Umstände einfach auf Begrüßungsfolgen u.ä. übertragen werden, bei deren Beanstandung dann gesagt wird, es handele sich um die *Vorschrift* des Landesprotokolls.
Bei Gedenk- und Trauerfeiern dankt der Gastgeber – anstelle einer Begrüßung – den Ehrengästen für die Anteilnahme, die sie mit ihrer Anwesenheit bezeugen. Dies kann auch an einer dafür geeigneten Stelle im Redetext sein.

Placement

Placement ist die Darstellung einer Platz- oder Tischordnung in skizzierter Form, bei der Personen bestimmten Plätzen zugeordnet werden. Die Qualität eines Platzes orientiert sich an der Nähe zur Gastgeberin / zum Gastgeber. Für Tischordnungen gibt es Placements mit Blanko-Kärtchen zum Einschieben oder so genannte Steck-Placements, welche die unterschiedlichen Tischformen darstellen, in die Namenskärtchen eingesteckt werden können.

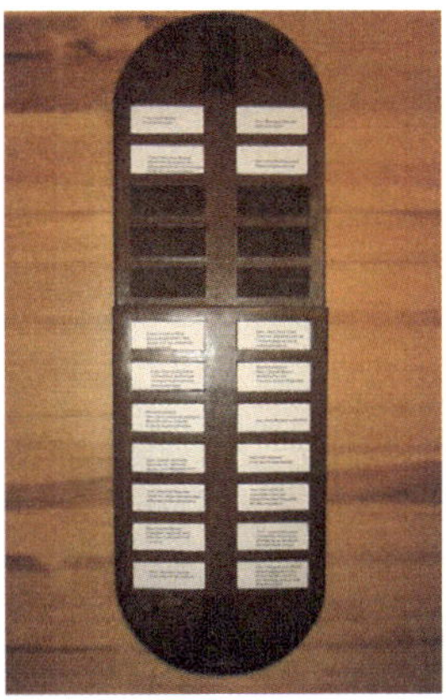

Sind Platz- oder Tischordnungen zu erstellen, müssen zunächst gesicherte Angaben darüber vorliegen, wer zu- oder abgesagt hat. Das setzt eine sorgfältige Registrierung der Rückantworten voraus. Haben zu platzierende Gäste

nicht auf die Einladung geantwortet, sollte nachgefragt werden, denn es wäre äußert peinlich, wenn ein solcher Gast käme und kein Platz für ihn vorgesehen wäre. Da hilft es auch nichts, dem Gast zu sagen, er habe sich nicht angemeldet; er wird das Gegenteil behaupten. Große Debatten nützen hier nichts, denn überall passieren Fehler, sei es, dass die Anmeldung versäumt wurde, die Rückantwortkarte auf dem Postwege verloren gegangen ist oder versehentlich nicht registriert wurde. Reserveplätze in größerer Anzahl vorzuhalten, hilft auch nicht weiter, da sie sich meist nicht dort befinden, wo der Gast rangmäßig hingehört, und deshalb wieder ein Grund zur Beschwerde

sein können. Außerdem wird der Gast merken, dass andere namentlich platziert sind, und er selbst nicht.

Im Übrigen sieht es auf Fotos, im Fernsehen aber auch für die anwesenden Gäste selbst am besten aus, wenn Stuhlreihen oder Tische voll besetzt sind. Lücken insbesondere in den vorderen Reihen – die im Allgemeinen größere Aufmerksamkeit auf sich ziehen – lassen vermuten, dass wichtige Gäste kurzfristig ihre Teilnahme abgesagt haben oder einfach nicht gekommen sind, was kein Ausweis für die Veranstaltung wäre. Lücken am Tisch stören zudem die Kommunikation. Außerdem ist anhand der Namensschilder auf den unbesetzten Plätzen zu erkennen, wer fehlt. Gäste sollten deshalb im eigenen Interesse auch bei kurzfristiger Verhinderung dies dem Veranstalter noch mitteilen.

PRAXIS-TIPP

Eine bewährte Methode herauszufinden, ob alle platzierten Gäste auch wirklich zu kommen beabsichtigen, ist, sie per Telefon, besser noch per Fax oder E-Mail, von ihrer Platzierung zu unterrichten. Dabei reicht etwa die Formu-

lierung „... ist (sind) für Sie (und Herrn / Frau Soundso) im vorderen Bereich ein namentlich ausgeschilderter Platz (zwei namentlich ausgeschilderte Plätze) reserviert...". Das hat zwei Vorteile: erstens sind die Gäste informiert, d.h. sie setzen sich nicht irrtümlich in die hinteren Reihen, obwohl vorne Plätze für sie reserviert sind. Und es ist eine gute Kontrolle für den Veranstalter, denn, wer entgegen seiner ursprünglichen Zusage nun doch nicht kommen kann, wird es erfahrungsgemäß aufgrund dieser Mitteilung melden.

Die Erstellung eines Placement folgt bestimmten Regeln. Nacheinander sind folgende Schritte zu tun:

- Zusammenstellung des zu platzierenden Personenkreises
- *Rangordnung* herstellen, d.h. die Gäste beim Ehrengast angefangen nach Wichtigkeit / Bedeutung ordnen. Diese Rangordnung korrespondiert mit der Begrüßungsfolge. Bei der Platzierung für ein Essen kann die Rangordnung etwas aufgelockert werden, etwa um die Kommunikation zu fördern. Bei Reihenbestuhlung wird die Rangordnung strenger eingehalten; hier steht das Zuhören im Vordergrund. In beiden Fällen ist das Placement auf die gegebenen örtlichen und räumlichen Verhältnisse abzustimmen. So kann es beispielsweise sein, dass durch Türen, Säulen, Emporen etc. Plätze in unmittelbarer Nähe des Gastgebers unattraktiv sind
- Nach den Regeln der Platzordnung – die Gäste auf die Stuhlreihen bzw. an den Tisch oder die Tische verteilen

Praxis-Tipp

Halten Sie den namentlich zu platzierenden Bereich überschaubar. Die Sonderbehandlung einiger weniger, z.B. der Ehrengäste, wird in aller Regel allgemein akzeptiert. Mit jeder Ausweitung schafft man möglicherweise Berufungsfälle. Heben Sie die platzierten Gäste in ihrer Begrüßungsrede heraus, so wird der Grund für die Sonderbehandlung deutlich.

Reihenbestuhlung

Bei Reihenbestuhlung sitzt der Gastgebende (GG) in der Mitte der ersten Reihe, der Ehrengast (EG) oder der höchste Gast (1) rechts neben ihm, der zweithöchste (2) links neben ihm. Der Dritthöchste (3) kommt rechts neben den Ehrengast / höchsten Gast, der Vierthöchste (4) links neben den Zweithöchsten. Dieses Rechts – Links – Verfahren wird bis zum Ende der Reihe weitergeführt. Den nächsten Gast platziert man in der zweiten Reihe hinter dem Gastgeber und fährt mit dem Rechts – Links – Verfahren fort. So füllt man Reihe für Reihe, bis alle zu platzierenden Gäste verteilt sind. Können die Stühle variabel gestellt werden, so achtet man darauf, eine „echte Mitte“ zu haben, d.h. eine ungerade Anzahl von Plätzen, deren Mittelplatz der Gastgeber einnimmt. Bei ungerader Platzanzahl sitzt rechts vom Gastgeber eine Person mehr als links.

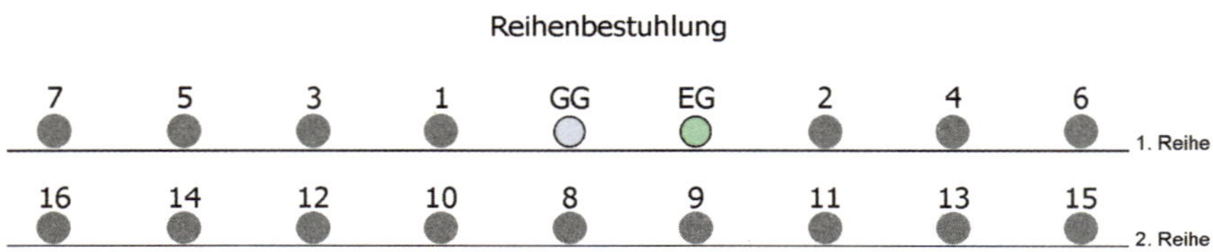

Sind Paare (GG’in = Gastgeberin) zu platzieren, geschieht das nach demselben Prinzip, wobei die Dame (D) rechts neben dem Herrn (H) sitzt.

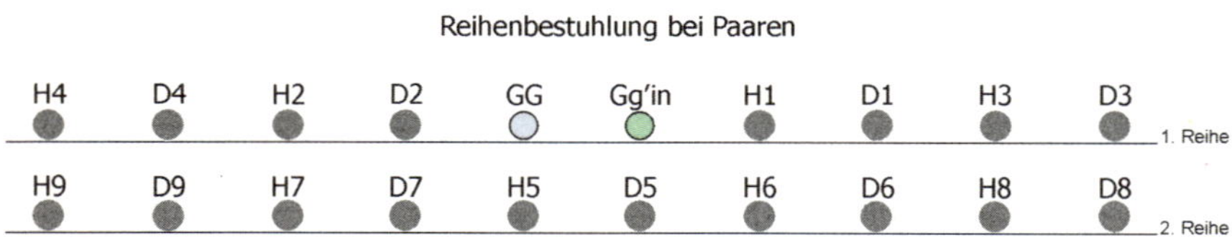

Sind die Stuhlreihen in zwei Blöcke aufgeteilt, so führt der Gastgeber den rechten und der Mitgastgeber (MG) / höchste Gast den linken Block an (außer in der Kirche, da ist es umgekehrt). Die Platzierung in zwei Blöcken führt meist zu unbefriedigenden Ergebnissen, insbesondere wenn Paare oder

Reihenbestuhlung - 2 Blöcke

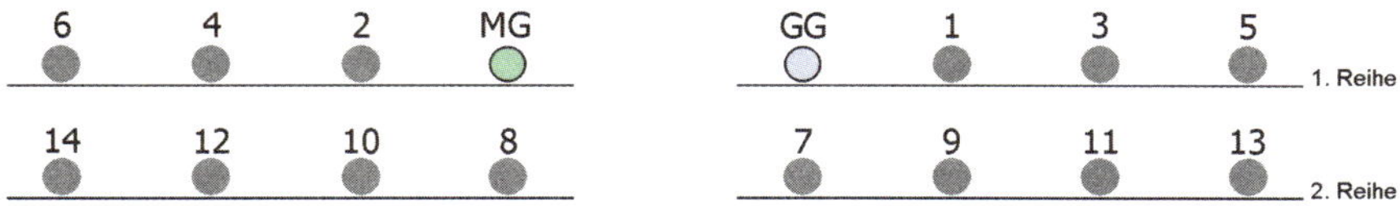

Ehrengäste zu platzieren sind, denn Gastgeber und Ehrengäste werden beim Placement nicht getrennt. Das hat zur Folge, dass ein Platz im Gastgeberblock von den Gästen deutlich höher bewertet wird, als ein Platz im Nachbarblock. Wo immer möglich, sollte man versuchen zumindest die erste(n) Reihe(n) zu schließen; der Mittelgang beginnt dann erst ab der zweiten oder dritten Reihe.

Reihenbestuhlung bei Paaren - 2 Blöcke

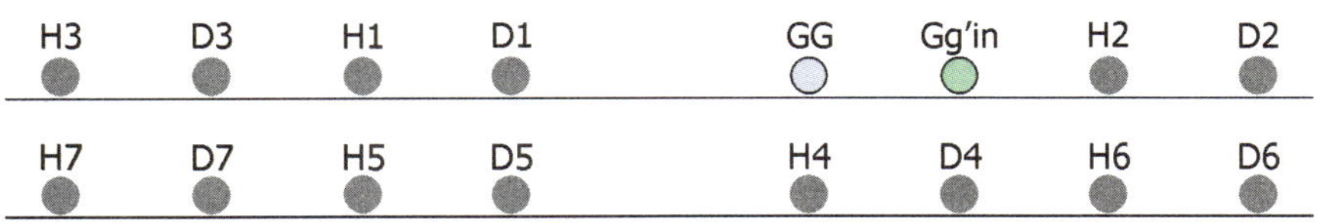

Bei drei Blöcken betrachtet man die durch Gänge unterbrochenen Reihen als Einheit und platziert nach dem üblichen Rechts – Links – Verfahren. Obwohl die Mittelplätze in der zweiten Reihe was Foto- und Filmaufnahmen angeht sicher die größere Medienwirksamkeit haben, so sind dennoch die Randplätze der ersten Reihe höherrangig.
Bei Großveranstaltungen hat es sich bewährt, die Anzahl der namentlich reservierten Plätze überschaubar zu halten, aber dennoch eine Ordnung herzustellen, und zwar durch die blockweise Platzierung. Man fasst also bestimmte Stuhlreihen zu Blöcken zusammen, markiert diese Blöcke mit unterschiedlichen Farben (durch kleine Kärtchen auf den Stühlen oder

Hinweise am Anfang der Stuhlreihen). Die Gäste erhalten farblich unterschiedliche Platzierungskarten und können sich in dem jeweils für sie vorgesehenen Block einen Platz aussuchen. Diese Block-Platzierung eignet sich

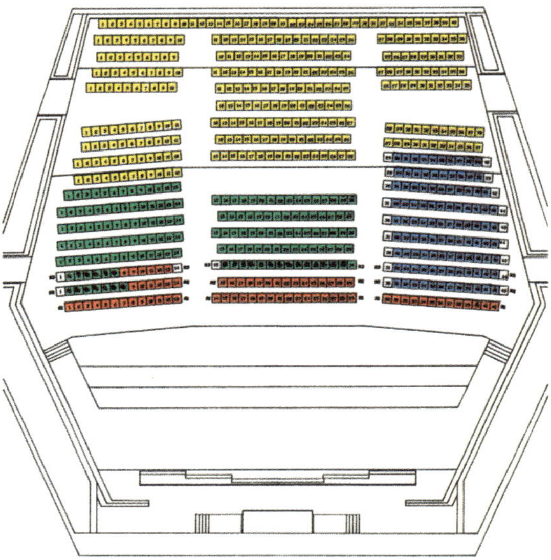

besonders für eine größere Anzahl gleichrangiger Gäste. Bei staatlichen Veranstaltungen wären das z.B. Mitglieder von (Staats- oder Kommunal-) Parlamenten, diplomatische oder konsularische Vertreter, Landräte und Bürgermeister. Bildet man für jede dieser Gruppen einen Block; so sind sie in der Platzordnung berücksichtigt, ohne eine aufwändige namentliche Platzierung nach bestimmten Kriterien (z.B. Dienstalter) vornehmen zu müssen.

PRAXIS-TIPP

Wie finden Platzierte ihren Platz?

Hat man sich der Mühe unterzogen, eine Platzordnung zu fertigen und die Plätze entsprechend ausgeschildert, so ist damit nicht automatisch sicher

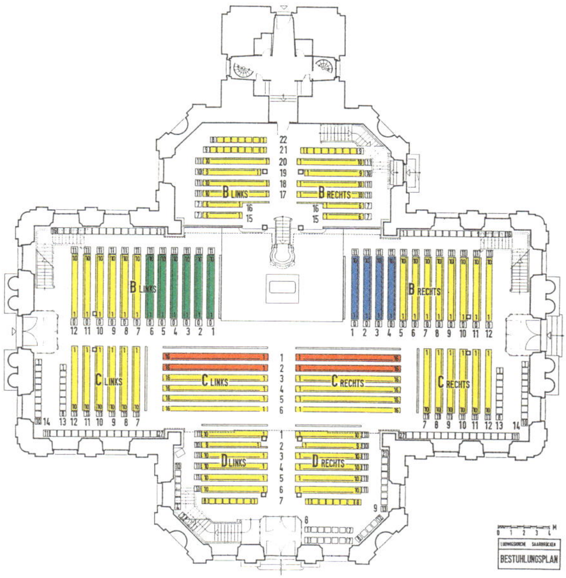

gestellt, dass alle platzierten Gäste auch ihre Plätze einnehmen. Das kann nur erreicht werden, wenn die Gäste von ihrer Platzierung erfahren.
Bei einigen wenigen platzierten Gästen kann durch personenkundiges Personal im Eingangsbereich den platzierten Gästen ein entsprechender Hinweis gegeben werden.
Ist der platzierte Personenkreis größer, muss durch geeignete organisatorische Maßnahmen Vorsorge getroffen werden. So kann man Platzkarten versenden mit dem Hinweis „Für Sie ist ein namentlich ausgeschilderter Platz reserviert. Wenden Sie sich bitte an unsere Mitarbeiter/innen" oder „Für Sie ist in dem der Platzkarte entsprechend farblich markierten Block ein Platz reserviert."
Eine weitere Möglichkeit ist, im Foyer des Veranstaltungsraums für die Gäste Platzkarten (die wie Theaterkarten sowohl die Reihen- wie auch die Platznummer enthalten) bereitzulegen. Die Platzkarten müssen den einzelnen Gästen zugeordnet und am sinnvollsten in Umschlägen, die mit den

Namen der Gäste versehen und alphabetisch geordnet sind, bereitgehalten werden. Sie werden den Gästen beim Eintreffen ausgehändigt.
Dieses Verfahren ist sehr arbeitsintensiv, der Veranstalter behält aber bis zum Schluss die Flexibilität, auf kurzfristige Ab- oder Zusagen reagieren zu können. Außerdem müssen die einzelnen Plätze nicht mit Namensschildern versehen werden.

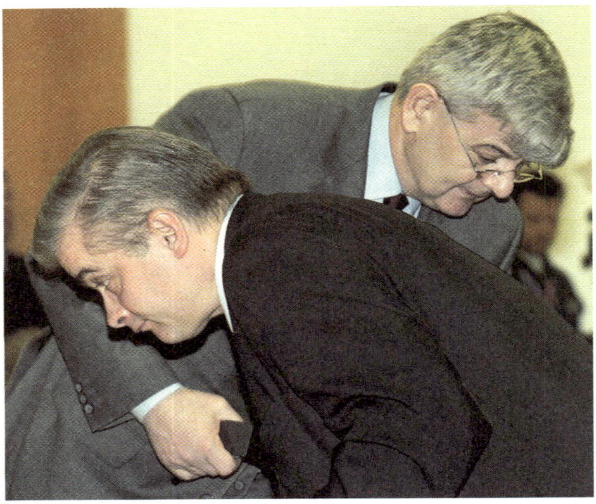

Wenn Gäste in solche Situationen gebracht werden, wirkt auch eine noch so gut gemeinte Platzierung lächerlich – *Such den Stuhl* titelte die Presse.

Tischordnung
Bei offiziellen aber auch bei wichtigen gesellschaftlichen, geschäftlichen oder privaten Anlässen beachtet man die Regeln der Tischordnung, wonach sich die Qualität eines Platzes durch die Nähe zur Gastgeberin / zum Gastgeber bestimmt. Bei zwanglosen privaten Einladungen ist es klüger, die Gäste nach ihren Vorlieben und Eigenschaften zu platzieren. Eine weitere Möglichkeit ist, nur Gastgeber und Ehrengast sowie eventuell deren direkte

Nachbarn zu platzieren und im Übrigen freie Platzwahl zu lassen. Das eignet sich besonders für größere Arbeitsessen im Verlaufe von Tagungen oder Konferenzen, so können sich z.B. Gäste zusammensetzen, die etwas besprechen möchten.

Bei Tisch sitzt nach internationaler Gepflogenheit der Gastgebende in der Mitte der Tafel, ihm gegenüber der Ehrengast. Der höchste Gast sitzt rechts neben dem Gastgeber, der zweithöchste rechts neben dem Ehrengast, der dritthöchste links neben dem Gastgeber, der vierthöchste links neben dem Ehrengast. Die weitere Platzierung folgt diesem Prinzip.
Bei Arbeitsessen kann es sinnvoll sein, den höchsten Mitarbeitenden (MA) dem Gastgeber gegenüber zu platzieren. Dann sitzen die beiden höchsten

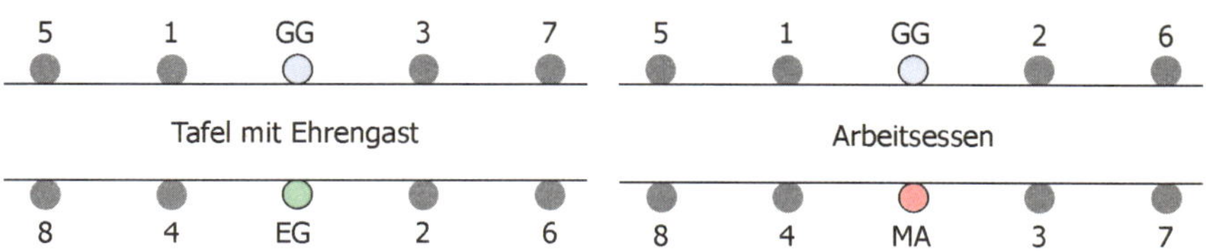

Gäste rechts und links neben dem Gastgebenden, der dritt- und vierthöchste rechts und links neben dem Mitarbeitenden. Nach diesem Prinzip wird dann fortgefahren, bis alle Gäste am Tisch verteilt sind.
Bei der Platzierung von Paaren sitzen sich die beiden Gastgebenden gegenüber. Nach traditioneller Regel, die bei offiziellen Essen durchgehend eingehalten wird, sitzen Paare am Tisch nicht nebeneinander sondern getrennt, nehmen aber beide denselben Rang ein.
In letzter Zeit stößt die Trennung von Paaren bei Tisch vermehrt auf die Ablehnung der Betroffenen, so dass bei offiziellen Essen gelegentlich Paare auch nebeneinander gesetzt werden. Grund für die Trennung von Paaren bei Tisch ist, dass man jedem Gast die Möglichkeit geben möchte, sich mit anderen als dem eigenen Partner zu unterhalten; man hielt diese Anordnung für kontakt- und kommunikationsfördernd. Dies setzt natürlich voraus, dass geübte Unterhalter am Tisch sitzen, denn sich anzuschweigen ist immer peinlich. Viele fühlen sich einfach sicherer, wenn ein Nachbar der eigene Partner ist, so hat man das Schweige-Risiko auch nur auf einer Seite. Eine gute Lösung ist es auch, Paare zwar getrennt, aber nicht weit voneinander weg zu platzieren, etwa schräg gegenüber.

In der Skizze ist das Paar mit dem höchsten Rang D(ame)1 und H(err)1, danach kommen D2 und H2 usw. Rechts neben dem Gastgeber sitzt die ranghöchste Frau, links neben ihm die zweithöchste, rechts neben der Gast-

Platzierung von Paaren

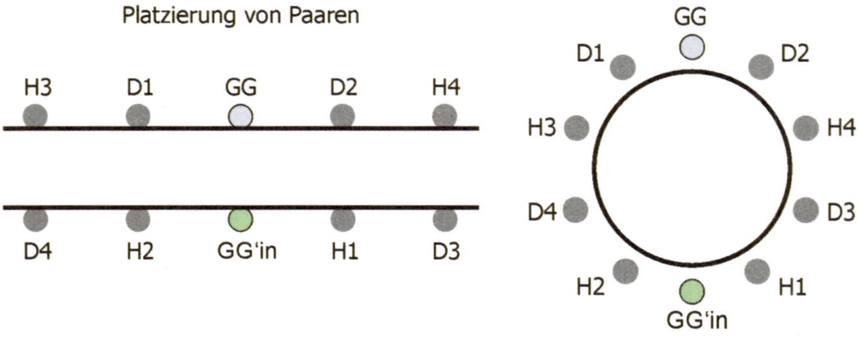

geberin sitzt der ranghöchste Herr, links von ihr der zweithöchste. Nach diesem Prinzip platziert man weiter, bis alle Gäste verteilt sind.
Die Platzierung an runden Tischen folgt dem gleichen Prinzip wie die Platzierung an Längstafeln.

Je nach Teilnehmerzahl ist bei Essen zunächst über die Tischform oder bei mehreren Tischen über die Tischanordnung zu entscheiden, dann über die Platzierung der Gäste an den einzelnen Tischen.
Empfehlenswert sind runde oder quadratische Achtertische; sie sind besonders kommunikativ.

Werden Tische, etwa bei kulturellen Veranstaltungen, auf eine Bühne hin ausgerichtet, so ist der Tisch unmittelbar vor der Bühnenmitte der Ehrentisch.

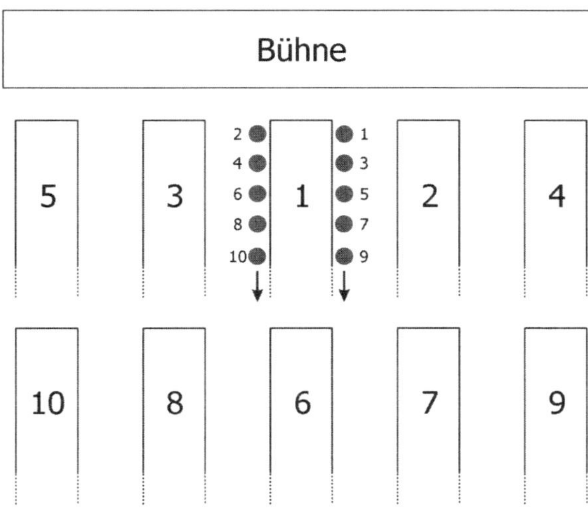

Das Rechts-Links-Prinzip, ausgerichtet an Gastgeber und Ehrengast, zieht sich wie ein roter Faden durch alle Placements.

Bei der U-Form ist zu beachten, dass die Außenplätze der beiden Schenkel höherwertiger als die ihnen direkt gegenüberliegenden Plätze an der Innenseite sind.

U-Tafel

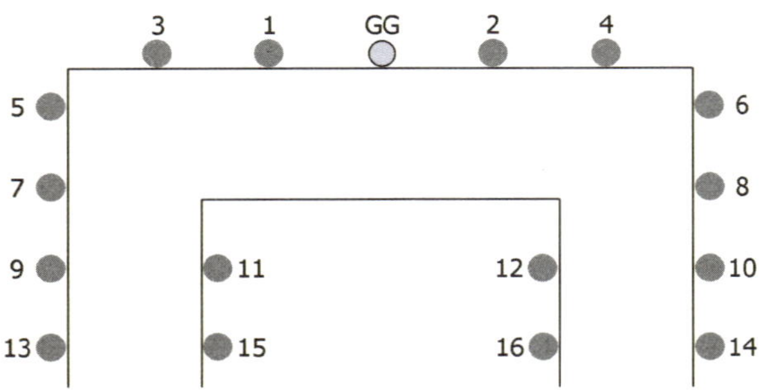

PRAXIS-TIPP

Die U-Form eignet sich ganz gut, wenn alle Gäste an einer Tafel Platz finden sollen. Notfalls kann man daraus sogar eine E-Tafel oder eine Kamm-Tafel machen.

Nachteil der U-Tafel kann je nach Ausgestaltung sein, dass Gastgeber und Ehrengäste kein „Gegenüber“ haben, um sich zu unterhalten, und auch diejenigen, die an den „Ecken“ sitzen, in ihren Kommunikationsmöglichkeiten eingeschränkt sind.
Vorteile bietet die U-Tafel, wenn Dolmetschende zum Einsatz kommen, denn sie können sehr gut innen in der U-Mitte platziert werden, um zwischen Gastgeber und Ehrengästen zu dolmetschen. Die Praxis, dass Dolmetschende auf einem Stuhl in zurückgezogener Position zwischen den Gesprächsführenden sitzen, wird von Anwesenden oft als diskriminierend angesehen, so dass die oben beschriebene Platzierung sicher eine gute Alternative ist.

Praxis-Tipp

Bei kleineren Essen kann man die Tischordnung – etwa während des Aperitifs – auslegen. So können sich die Gäste im Verlaufe des Aperitifs über ihren Platz am Tisch und darüber, wer ihre Tischnachbarn sind, informieren. Deshalb enthält ein solches Placement nicht nur die Namen, sondern auch die Funktionen der Gäste. Am Tisch steht dann oberhalb des Gedecks ein Platzkärtchen mit dem Namen des jeweiligen Gastes. Diese Platzkärtchen dienen sowohl den Gästen zum besseren Auffinden ihres Platzes als auch – deshalb sind sie auf Vorder- und Rückseite beschriftet – den Tischnachbarn und den gegenüber Sitzenden zur namentlichen Anrede.
Bei größeren Gesellschaften hängen Tischpläne aus, wobei die Tische oft durchnummeriert sind. Die Gäste sind dabei in alphabetischer Reihenfolge aufgelistet und einem bestimmten Tisch zugeordnet. Da die Durchnummerierung von Tischen eine Rangfolge signalisiert, ist es oft klüger – insbesondere im nicht offiziellen Bereich – die Tische zu benennen, etwa mit Städte-, Länder- oder sonst passenden Namen. Es eignen sich auch Blumennamen oder Jahreszeiten, zumal wenn die Dekoration am jeweiligen Tisch entsprechend gewählt wird.

Es können auch jedem Gast so genannte Tischfindungskärtchen ausgehändigt werden:

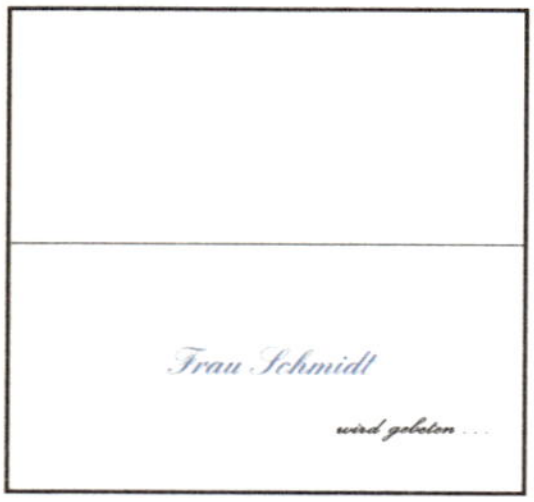

Vorderseite

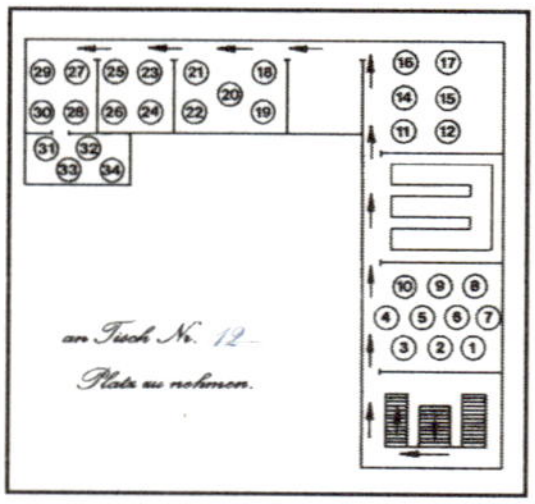

Rückseite

Diese Kärtchen werden mit dem Namen des jeweiligen Gastes beschriftet und alphabetisch geordnet im Aperitif-Raum oder im Vorraum des Essens

bereitgelegt oder besser noch – bei kleineren Essen – den Gästen ausgehändigt.
Man kann auch jedem Gast den kompletten Tischplan in verkleinerter Form aushändigen, wobei dessen Platz dann jeweils mit Leuchtstift markiert sein sollte. Vorteil dieses Verfahrens ist, dass jeder Gast über Name und Funktion der übrigen Essensteilnehmer informiert ist. Nachteil ist, dass jeder Gast an diesem Plan genau ablesen kann, wie der Gastgeber ihn im Vergleich zu anderen in die Rangordnung eingegliedert hat.

Sonstige Platzierungsregeln

Sind zwei Delegationen zu platzieren, so sitzen sie sich am Besprechungstisch gegenüber. Die Delegationsleiter nehmen die jeweils mittleren Plätze ein. Die weitere Platzierung muss nicht unbedingt nach Ranggesichtspunkten erfolgen; sie wird vom Delegationsleiter festgelegt. Bei Tisch werden die Delegationsmitglieder gemischt in so genannter bunter Reihe nach Rang gesetzt. Dolmetscher sitzen wie es für die Verständigung am besten ist, nicht jedoch rechts vom Gastgeber oder vom Ehrengast.
Neben den Placements für Stuhlreihen und den Tischordnungen gibt es auch für Autokolonnen sowie in den Wagen eine Ordnung, die beispielsweise bei offiziellen Besuchen wie folgt aussehen kann: Polizei-Leitfahrzeug, Protokollfahrzeug, Motorradeskorte, Gastfahrzeug, Sicherheitsfahrzeug, Delegationsfahrzeuge, Polizei-Schlussfahrzeug.
Im Wagen gilt der Platz hinter dem Beifahrersitz als der höchste, der Platz hinter dem Fahrer als der zweithöchste. Die Vorfahrt an Gebäuden erfolgt möglichst so, dass der Gastwagen parallel zum Eingang hält, wobei der Eingang – in Fahrtrichtung betrachtet – auf der rechten Seite liegt. So kann der höchste Gast unmittelbar vor dem Eingang (da er rechts hinten sitzt) aussteigen, ohne um den Wagen herumlaufen zu müssen. Diese Sitzordnung hat den Vorteil, dass allein an der Platzposition abgelesen werden kann, wer der höchste Gast und damit zuerst zu begrüßen ist. Das ist nicht nur hilfreich für den Gastgeber, sondern auch für evtl. anwesende Medien.
Auch beim Gehen wird eine Ordnung eingehalten: Gehen Gastgeber und Ehrengast nebeneinander, so geht der Ehrengast rechts vom Gastgeber, auch dann, wenn der Gastgeber eine Frau ist.

Werden männliche Gäste von Frauen in Empfang genommen, ist es für sie noch eher ungewohnt, den Platz rechts einzunehmen; sie wechseln meist *automatisch* auf die linke Seite.
Wird der Ehrengast von zwei Personen begleitet, geht er in der Mitte. An seiner rechten Seite geht die ranghöhere Person.

Vorrang der Frau?

Was im gesellschaftlichen Bereich bis heute üblich ist, nämlich Frauen generell gegenüber jedem Mann den höheren Rang einzuräumen, hat keinen Eingang ins protokollarische Regelwerk gefunden: Hier ist das Amt oder die Funktion ausschlaggebend, nicht das Geschlecht.

Diese Regel gilt mittlerweile für den gesamten repräsentativen Bereich, d.h. auch im beruflichen Umfeld. In der Praxis bedeutet dies, dass Frauen sich korrekt verhalten, wenn sie sich als Funktionsträgerinnen an dem Verhalten ihrer männlichen Kollegen orientieren, und beispielsweise

- bei der Begrüßung aufstehen
- die Gastgeberfunktion (und damit auch die Rechnung) übernehmen
- Reden/Tischreden halten

Sowohl bei der Begrüßung als auch bei der Platzierung gibt es keinen Vorrang der Frau vor dem Mann. Sind Paare zu platzieren, so teilen sie sich den Rang. Haben beide einen eigenen Rang, so gilt, treten sie alleine auf, nur dieser. Bei gemeinsamen Auftritten nehmen beide den höheren Rang ein.
Werden Paare begrüßt, so wird der Funktionsträger als erstes genannt, z.B. *Sehr geehrter Herr Bundespräsident, sehr geehrte Frau Rau* oder *Sehr geehrte Frau Ministerin, sehr geehrter Herr (evtl. Titel, Name).* Das gilt auch für die Begrüßung im laufenden Text: *Ich freue mich über die Anwesenheit der Präsidentin des XY-Vereins, Frau Soundso, und ihres Mannes, Herrn Soundso*; *Ich begrüße den Vorsitzenden der XYZ-Stadtratsfraktion, Herrn Helmut Muster mit seiner Frau Anneliese Muster.*

Bei Einladungskarten, Adressen usw. an Paare wird nach eben diesem Schema verfahren. Das gilt auch für die Gastgeber. Es laden z.B. ein: Der Ministerpräsident des Saarlandes (evtl. Titel und Name) und Frau (evtl. Titel, Name) oder wie im nachstehenden Muster: Der Bundespräsident und Frau Christina Rau.

> *Der Bundespräsident und Frau Christina Rau*
>
> *bitten*

Zu Gast sein – Tipps für Newcomer und Empfangsgewohnte

Zu Gast sein – Tipps für Newcomer und Empfangsgewohnte

Häufige Fragen

Die Gäste offizieller oder feierlicher Veranstaltungen stellen häufig folgende Fragen:

– *Muss ich beim Grüßen oder Begrüßen der Gastgebenden oder anderer Gäste eine bestimmte Reihenfolge einhalten?*

Während es sich im privaten Bereich durchgesetzt hat, dass derjenige zuerst grüßt, der den anderen zuerst sieht, erlebt man im offiziellen Bereich aber auch im Umgang mit älteren Menschen, dass auf die traditionellen Regeln doch noch geachtet wird, wonach der Herr die Dame, Jüngere die Älteren und Rangniedrigere Ranghöhere grüßen. Beim Begrüßen mit Handschlag ist Ähnliches zu beobachten. Hier überlässt man der Dame, den Älteren bzw. dem Ranghöheren die Entscheidung, ob ein Handschlag als Begrüßung gewollt ist.

Wer auf eine Gruppe trifft, grüßt auf jeden Fall zuerst und kann dann reihum die Hand geben.

Falls möglich, sollten zuerst der oder die Gastgeber begrüßt werden, bevor man sich zu den anderen Gästen begibt. Das bedeutet natürlich, dass Gastgeber darauf achten müssen, sich auch in der Nähe des Eingangs aufzuhalten. Bei größeren Empfängen treten Gastgeber oft erst mit ihrer Begrüßungsrede in Erscheinung (wären sie vorher im Raum, würde sich automatisch ein Defilee bilden). In diesem Fall versuchen die Gäste, im Laufe der Veranstaltung kurz mit dem Gastgeber zu reden. Bei dieser Gelegenheit kann man sich auch für die Einladung bedanken.

– *Ist es heute noch üblich, sich für jede Einladung schriftlich beim Gastgeber zu bedanken?*

Diese Frage ist weder mit einem klaren Ja noch mit einem klaren Nein zu beantworten. Hier muss für jede Veranstaltung gesondert mit viel Fingerspitzengefühl entschieden werden.

Bei der Vielzahl der Einladungen, die eine Persönlichkeit des öffentlichen Lebens erreichen, wäre es sicher nicht praktikabel, auf jede Einladung schriftlich zu reagieren. Je persönlicher die Einladung und je kleiner der Gästekreis, desto eher ist ein schriftlicher Dank zu empfehlen.

– *Ist eine bestimmte Grußformel vorgeschrieben?*

Nein, natürlich nicht. Aber Umfragen haben ergeben, dass die üblichen Grußformeln *Guten Tag, Guten Abend* usw. die höchste Akzeptanz haben. *Hallo* empfinden über 80 Prozent der Befragten auch als angenehm bzw. sehr angenehm. Der Gruß sollte der Situation, dem eigenen Image und vor allen Dingen dem Grußempfänger angepasst sein. Vielleicht passt *Hi, Herr Präsident!* doch nicht so gut.

– *Kann ich mich bei einem Empfang einfach zu einer Gruppe gesellen, obwohl ich niemanden kenne?*

Ja, selbstverständlich! Solche Veranstaltungen dienen in erster Linie der Kommunikation und sollen darüber hinaus Gelegenheit bieten, einander kennen zu lernen. Am besten wartet man eine kleine Gesprächslücke ab, um sich kurz vorzustellen und dann den Einstieg in das Gespräch zu finden.

– *Was tue ich, wenn ich bei der Vorstellung den Namen des anderen nicht richtig verstanden habe?*

Es ist kein Fauxpas, den Namen noch einmal nachzufragen. Eine freundlich geäußerte Bitte, den Namen zu wiederholen, wird niemanden verärgern. Falls Ihnen eine solche Nachfrage schwer fallen sollte, können Sie dem anderen Ihre Visitenkarte überreichen; üblicherweise wird diese Geste erwidert. Dann haben Sie den Namen schwarz auf weiß.

– *Eine Etikette-Regel besagt doch, man dürfe nicht als erster vor den Gastgebenden essen oder trinken. Gilt das auch bei größeren unübersichtlichen Veranstaltungen?*

Die Regel lautet, man solle nicht essen oder trinken, bevor die Gastgebenden das Zeichen dafür gegeben haben. In kleinem Kreise heißt das: der Gastgeber erhebt sein Glas, bringt evtl. einen Toast aus, und trinkt als erster. Bei einem Essen greift die Gastgeberin zum Besteck und fängt an. Werden bei einem Gespräch in kleinem Kreise Getränke und Häppchen gereicht, wartet man entweder ab, bis der Gastgeber selbst zugreift oder zum Verzehr des bereit Gestellten auffordert.

Bei größeren Veranstaltungen gilt das Anreichen von Speisen und Getränken durch Bedienungskräfte oder aufgestellte Beköstigung auf Beistelltischen als hinreichendes Zeichen, mit essen und trinken beginnen zu dürfen. Von Buffets nimmt man sich allerdings nichts, bevor sie eröffnet sind.

ANEKDOTE

Nicht immer ist das, was auf Beistelltischen bei Empfängen aufgestellt ist, die einzige Beköstigung. Macht man sich zu schnell darüber her, verpasst man vielleicht Köstlicheres.

So ging es einigen Gästen, die in wundervollem Ambiente zu einem 11.00 Uhr-Adventskonzert eingeladen waren. Nach dem etwa einstündigen musikalischen Genuss, auf den durch eine kurzweilige niveauvolle Begrüßung des Gastgebers eingestimmt wurde, war zu einem Empfang in den angrenzenden Räumen eingeladen. Sah man beim Hineingehen in den Veranstaltungsraum noch leere Beistelltische, so bot sich beim Herauskommen ein phantastisches Bild: Auf eben diesen Tischen waren mit weihnachtlichen Blumenarrangements, Süßigkeiten, wie kleine Stollenstücke, Lebkuchen, feinste Pralinen, in Schokolade getauchte Fruchtstückchen und vieles mehr bezaubernd ausdekoriert, und es duftete herrlich. Dann kamen auch schon die ersten Tabletts mit Sekt, Rot- und Weißwein sowie alkoholfreien Getränken.

Zugegeben, mein erster Gedanke war: Zu diesen Getränken und um diese Uhrzeit würde ich lieber etwas Herzhaftes essen.

Anderen Gästen ging es offensichtlich nicht so, denn sie fingen schon an, die Tische zu plündern. Da der Empfang auf mehrere Räume verteilt war, hatte ich die Hoffnung, ich sei nur zufällig im „süßen" Raum gelandet. Mit einem Glas Sekt in der Hand setzte ich meine Wanderung fort, doch Raum für Raum bot sich dasselbe Bild: wundervolle Arrangements von weihnachtlichen Süßigkeiten, im letzten Raum sogar noch unangerührt. Ich näherte mich dem Tisch, um die wunderschöne Dekoration noch einmal eingehend zu betrachten und dabei natürlich zu überlegen, was denn davon wohl am besten zu meinem Sekt passe. Hinter mir konnte anscheinend jemand Gedanken lesen: „Möchten Sie nicht doch lieber zuerst etwas Herzhaftes?",

hörte ich eine freundliche Stimme, die zu einem Ober mit einem Tablett voller Appetithäppchen gehörte. Selbstverständlich wollte ich! Ich sagte nicht nein, weder bei Suppe aus Mokkatässchen noch bei Mini-Köstlichkeiten aus Holzkörbchen samt passender Sauce und auch nicht bei kleinen gefüllten Pastetchen.
Die Süßigkeiten habe ich mir freilich auch nicht entgehen lassen.

– *Ist es heute noch üblich aufzustehen, wenn der Bundespräsident einen Veranstaltungsraum betritt?*

Ja, bei einer offiziellen Veranstaltung ist es üblich. Das hat nichts mit der Person, sondern mit dem Amt des Bundespräsidenten zu tun. Er ist der oberste Repräsentant der Bundesrepublik. Das Aufstehen ist eine Geste des Respekts vor diesem Amt.
Solche Gesten kennen wir auch in anderen Bereichen, z.B. bei Gericht, im Parlament, bei Gottesdiensten aber auch im privaten Umgang, z.B. bei der Begrüßung.

Defilee

Viel häufiger als das förmliche Defilee erlebt man im offiziellen Bereich folgenden Ablauf: Die Gäste treffen nach und nach ein, werden vom Protokoll in Empfang genommen, legen ihre Garderobe ab und begeben sich zum Veranstaltungsraum. Bei unübersichtlichen räumlichen Verhältnissen sind Mitarbeitende zur Wegfindung abgestellt. Vor und im Veranstaltungsraum gibt es ebenfalls Personen, die über Platzierungsfragen oder Sonstiges Auskunft geben können. Wenn alle Gäste versammelt sind, betritt der oder die Gastgeber/in den Raum evtl. begleitet von den Ehrengästen. Dann beginnt die Veranstaltung mit dem vorgesehenen Programm. Erst danach besteht dann die Gelegenheit, die Gäste einzeln persönlich zu begrüßen. Bei größeren Veranstaltungen gelingt das allein schon aus Zeitgründen nur bei einem Teil der Gäste.

Deshalb ist bei größeren Veranstaltungen das Defilee die einzige Form, mit der man sicherstellen kann, dass die Gastgebenden und evtl. die Ehrengäste

alle Gäste persönlich begrüßen. Das Defilee ist eine international übliche Form der Begrüßung; auch in Deutschland wird es bei hochoffiziellen Anlässen, beispielsweise bei Staatsempfängen oder Staatsbanketten durchgeführt. Dabei werden die Gäste einzeln zuerst dem Gastgeber, dann dem Ehrengast, danach falls anwesend dem (Ehe-)Partner des Ehrengastes und schließlich dem (Ehe-)Partner des Gastgebers vorgestellt. Sie stehen deshalb in dieser Reihenfolge nebeneinander, die Gäste treten von vorne oder von links auf die Gruppe zu. Gastgeber und Ehrengast können männlich oder weiblich sein, das ändert an der Reihenfolge nichts. Unter Umständen schließen sich weitere Mitglieder der Begleitung von Gastgeber oder Ehrengast der Reihe an.
Die einzelnen Gäste werden üblicherweise vom Chef des Protokolls vorgestellt. Eine der Einladung bereits beigefügte auf den Namen des Gastes ausgestellte Vorstellkarte (siehe auch Seite 74) erleichtert die Vorstellung. Sie wird kurz vor der Vorstellung angereicht, damit der Chef des Protokolls den Namen laut nennen kann. Bei der Vorstellung von Paaren hieß es früher, als nur wenige herausragende Positionen von Frauen besetzt waren *erst der Herr und dann die Dame*, was sich heute gewandelt hat in *erst der Funktionsträger, dann die Begleitung*. Auch daran sieht man, dass es im Protokoll keinen generellen Vorrang der Frau gibt.

Das Defilee wird oft als unzeitgemäß und als hohle Förmlichkeit kritisiert. Das „Schlange stehen" betrachten viele als ärgerlich bis unwürdig. Dennoch hat eine solche Begrüßung Stil, denn sie vermittelt jedem Gast das Gefühl, wahrgenommen worden zu sein und gibt jedem Gast die Möglichkeit, sich beim Gastgeber für dessen Einladung zu bedanken. Und gegen das „Schlange stehen" kann man als Gastgeber Vorsorge treffen, indem man frühzeitig anwesend ist, um die nach und nach eintreffenden Gäste sogleich zu begrüßen. Bei größeren Gästekreisen empfiehlt es sich, die eintreffenden Gäste in unterschiedlichen kleineren Räumen bei einem Aperitif zu versammeln, um sie dann Raum für Raum zum Defilee *abzurufen*.

Im privaten Bereich bildet sich oft spontan eine Art Defilee, beispielsweise bei Geburtstagen, Jubiläen, Hochzeiten usw., denn niemand möchte es versäumen zu gratulieren. Man würde es selbst sicher als große Stillosigkeit betrachten, mitzufeiern, ohne vorher seine guten Wünsche ausgedrückt zu haben.

Höflichkeitsformen und Standards anderer Länder

Repräsentation vollzieht sich nicht nur im eigenen Bereich, beispielsweise gegenüber Mitarbeiterinnen und Mitarbeitern, Bürgerinnen und Bürgern der eigenen Gemeinde, Verbands- oder Vereinsmitgliedern. Während man die Höflichkeitsformen und Standards im eigenen Bereich noch kennt, wächst die Unsicherheit je weiter man sich aus dem gewohnten Umfeld herauswagt. Nicht alle Gesten, die in der vertrauten Umgebung als Freundlichkeit aufgefasst werden, werden anderswo genauso gedeutet. Im Ergebnis heißt das, wann immer ich gute Kommunikation will oder gar darauf angewiesen bin, ist es unerlässlich, sich mit den Höflichkeitsformen und Standards anderer Umgebungen, Länder oder Kulturen zu beschäftigen. Das setzt natürlich ein Befassen mit den eigenen Umgangformen voraus, denn nur, wer diese kennt, kann Abweichungen überhaupt erkennen. Nur wer über Entwicklungs-

geschichte, Sinn und Zweck der im jeweiligen Bereich gültigen Standards informiert ist, wird die notwendige Sensibilität entwickeln können, um andersartiges Verhalten nicht als „unverständliche Eigentümlichkeiten“ zu begreifen. Höflichkeitsformen haben eine komplexe Symbolik, für deren Deutung die Kenntnis des dazugehörigen *Codes* unabdingbar ist. Fehlverhalten wirkt zumindest peinlich, dauerhaftes Fehlverhalten kann Beziehungen nachhaltig stören und letztlich – im schlimmsten Fall – zu kriegerischen Auseinandersetzungen führen.
Formen einzuhalten wird als Ausdruck der Achtung und des Respekts vor dem anderen gewertet, deshalb dürfen sie nicht zu reinen Äußerlichkeiten verkommen. Nicht das formelhafte Exerzieren antrainierter Verhaltensweisen ist gefragt, sondern das Visualisieren der inneren Einstellung. Bei Gesprächen oder (Vertrags-)Verhandlungen kann die innere Einstellung beispielsweise sein *ich möchte eine gute Kommunikation fördern, um ein gutes Ergebnis zu erzielen*. Wäre die Einstellung *ich spiele hier mal den Freundlichen, dann kann ich die anderen besser über den Tisch ziehen*, würde sich mit Sicherheit bei den anderen ein Gefühl des Unbehagens einstellen, weil innere Einstellung und äußere Verhaltensweise nicht übereinstimmen. In solchen Fällen ist an der inneren Einstellung zu arbeiten. Nur als deren ehrlicher Ausdruck sind Formen auf Dauer Mittel zur Einleitung, Aufrechterhaltung und Vertiefung von Beziehungen. Nur dann dienen sie zudem der Stärkung des eigenes Status.
Einfacher ist es, eine vorhandene positive Einstellung entsprechend zum Ausdruck zu bringen. Hier reicht es aus, sich mit den gültigen Standards vertraut zu machen, um nicht ungewollt einen falschen Eindruck zu hinterlassen. Dies gilt für Privatpersonen ebenso wie für Repräsentanten des öffentlichen Lebens, ein Unterschied besteht lediglich hinsichtlich der Auswirkungen. Erweist sich beispielsweise ein Repräsentant in seinem Auftreten generell als provinziell oder stillos, so ist nahe liegend, dass der gesamte durch ihn repräsentierte Bereich für provinziell oder stillos gehalten wird. Bei Privatpersonen ist in aller Regel nur das eigene Image betroffen.

Erste Informationen über andere Länder kann man sich heute schnell und bequem im Internet besorgen, beispielsweise auf den Seiten des Auswärtigen

Amtes (www.auswaertiges-amt.de) unter Länderinformationen oder den Regierungs- und Botschaftsseiten des jeweiligen Landes. Auch die deutsch-ausländischen Handelskammern können angefragt werden, insbesondere im Hinblick auf die im Wirtschaftsleben existierenden Gepflogenheiten. Im Vorfeld staatlich organisierter und geleiteter Wirtschaftsdelegationsreisen wird üblicherweise in einer zuvor stattfindenden Informationsveranstaltung über die so genannten Do's und Dont's hingewiesen.

Repräsentation und Medien

Repräsentation und Medien

Die Medien werden oft als *vierte Gewalt* im Staat bezeichnet, und in der Tat kommt ihrer Tätigkeit in einem demokratischen Staat eine herausragende Bedeutung zu. Die Medien tragen entscheidend zur öffentlichen Meinungsbildung bei.
Die Allgemeinheit hat ein Interesse daran, über Ereignisse und insbesondere auch deren Hintergründe unterrichtet zu werden.
Aus Gründen der Selbstdarstellung, der Imagebildung oder aus Marketinggesichtspunkten besteht auch bei Repräsentanten des öffentlichen Lebens ein nachvollziehbares Interesse an einer Berichterstattung, denn Ereignisse, die nicht über die Medien transportiert werden, sind nicht öffentlichkeitswirksam; sie erreichen nur die unmittelbar Anwesenden.
Im gegenwärtigen Medienzeitalter betreiben auch staatliche Stellen zunehmend eine aktive Informationspolitik. Einerseits ersparen sie sich dadurch die Notwendigkeit zur Beantwortung von Einzelfragen. Zum anderen geht es um Informationen im Interesse der Daseinsvorsorge, aber auch der behördlichen Selbstdarstellung.
Hinzu kommt, dass die Allgemeinheit ein Interesse daran hat, über Ereignisse und insbesondere auch deren Hintergründe unterrichtet zu werden.

Über die Medien zum Publikum

Die Adressaten auch offizieller Repräsentation sind heute zunächst die Medien, mittels derer der Zuschauer am Bildschirm, der Zuhörer am Radio, der Internetnutzer und der Zeitungsleser erreicht werden. So kommt es, dass die vor Ort Anwesenden nicht mehr nur Publikum, sondern bereits selbst Darsteller sind.
Veranstalter tun also gut daran, die Arbeitsbedingungen der Medien so zu gestalten, dass sie ihrer Aufgabe der Berichterstattung optimal nachkommen können. Das setzt voraus, dass die Abläufe von Ereignissen möglichst genau festgelegt sind, dass sie bestimmten Regeln folgen und Medien mit einbeziehen.
So ist in aller Regel keine Tendenz spürbar, Medien außen vor zu lassen, sondern es besteht ganz im Gegenteil ein lebhaftes Interesse daran, dass über Ereignisse von den Medien berichtet wird. Es kann allenfalls dann zu

Unstimmigkeiten kommen, wenn bei attraktiven Ereignissen mehr Medienvertreter teilnehmen wollen, als man im Interesse eines ordnungsgemäßen Ablaufs der Veranstaltung zulassen kann; d.h., wenn eine Auswahl getroffen werden muss, oder eine vorherige Anmeldung (Akkreditierung) erforderlich ist.
In der Praxis wird die Medienbeteiligung dann durch so genannte *Poolbildung* geregelt, d.h. es wird festgelegt, wie viele Fernsehteams, Fotografen, Pressevertreter nach den gegebenen örtlichen Verhältnissen höchstens zugelassen werden können. Die Ausgewählten müssen sich verpflichten, ihr Material anderen zur Verfügung zu stellen. Im Idealfall einigen sich die Medienvertreter unter sich, im Streitfalle obliegt dem Veranstalter die Auswahl.

Immer und überall dabei?

Wenn öffentliche Stellen (Bund, Land, Kommune) Ausrichter repräsentativer Veranstaltungen sind, ist den Rechten, die Medien aus Verfassung und Gesetzen zustehen, besondere Beachtung zu schenken:

- Die Medien haben das Recht, sich die für ihre Arbeit erforderlichen Informationen zu beschaffen. Zur Befriedigung dieses Informationsbedürfnisses entfalten Behörden oft von sich aus eigene Informationstätigkeit. Hierbei ist darauf zu achten, dass alle Medienvertreter den gleichen Zugang zu diesen Informationen erhalten. Das gilt auch für die direkte Information durch persönliche Anwesenheit am Ort des Geschehens.
- Zu Veranstaltungen/Ereignissen/Begegnungen usw., die aus Sicherheitsgründen bzw. einem schutzwürdigen privaten Interesse nicht veröffentlicht werden, besteht kein Informationsanspruch.
- Bei allgemein zugänglichen oder öffentlichen Veranstaltungen/Ereignissen usw. können den Medien als Multiplikatoren einerseits bessere Möglichkeiten als dem Publikum an der Verfolgung der Ereignisse eingeräumt werden (Pressetribüne), andererseits jedoch auch Regelungen, die einen störungsfreien Ablauf des Programms gewährleisten (z.B. Absperrungen), getroffen werden.

- Bei Pressekonferenzen oder Pressegesprächen müssen entweder alle Medienvertreter zugelassen oder es muss eine sachgerechte Auswahl getroffen werden, die Gewährung von einzelnen Interviews an bestimmte Medienvertreter ist selbstverständlich zulässig.
- Soweit die Zulassung aller interessierten Medien aus tatsächlichen Gründen (z.B. Platznot) nicht möglich ist, ist unter sachgerechten Erwägungen eine Auswahl unter Beachtung des Gleichheitsgrundsatzes zu treffen. Keinesfalls darf willkürlich verfahren werden.
- Bei Begegnungen/Veranstaltungen nichtöffentlicher Art haben Medienvertreter grundsätzlich keine Zutrittsrechte, z.B. bei Verhandlungen oder Gesprächen über schwierige politische Fragen.
- In Ausnahmefällen können Medienvertreter zu Begegnungen/Veranstaltungen zurecht Zugang beanspruchen, beispielsweise, wenn im Rahmen eines offiziellen Besuchsprogramms dort die einzige offizielle Äußerung vorgesehen ist, etwa in Form einer Rede. Das Teilnahmerecht würde sich in diesem Fall auf die Dauer der Ansprache beschränken.
- Bei privaten Gesprächen oder Begegnungen kann kein Medienvertreter einen Anspruch auf Teilnahme geltend machen; hier überwiegt das allgemeine Persönlichkeitsrecht.
- Bei privaten Angelegenheiten, auch wenn sie sich im öffentlichen Raum zutragen, wie beispielsweise der Besuch eines Staatsgastes am Grab seiner Eltern, überwiegt ebenfalls das allgemeine Persönlichkeitsrecht des Politikers. Die Medienvertreter dürfen auch hier ausgeschlossen werden.

Genehme und unangenehme Berichterstattung

Repräsentation, ganz gleich ob sie durch Veranstaltungen, Repräsentanten oder Symbole erfolgt, braucht Öffentlichkeit, weil Repräsentation Bestandteil der politischen Kommunikation ist. Ohne Öffentlichkeit wird sie sinnlos.

Wer öffentlich auftritt und sich darstellt, gestaltet sein Leben öffentlicher als normale Bürger/innen und willigt damit prinzipiell auch in eine öffentliche Berichterstattung ein. Das gilt regelmäßig mit Ausnahme des Privat- und Intimbereichs.

Ein berechtigtes Interesse von Repräsentanten liegt darin, bei öffentlichkeitswirksamen Auftritten einen der politischen oder gesellschaftlichen Stellung sowie dem Wunsch-Image entsprechenden Eindruck zu vermitteln und im rechten Licht zu erscheinen.

Dieses Ziel kann, muss sich aber nicht mit dem Ziel der Medien decken. In der Praxis kollidiert das Interesse an einer bestimmten Publikation oft mit dem Interesse einer Person, publizistisch nicht oder nicht so behandelt zu werden, beispielsweise um peinliche Vorgänge nicht publik werden zu lassen oder Missstände zu verschweigen.

Medien tragen in einer Demokratie zur freien Meinungsbildung und zur Meinungsvielfalt bei, deshalb befinden sie auch frei, worüber sie wie berichten. Auch die Sensations- und Regenbogenberichterstattung, die reißerisch aufgemachten Informationen der Boulevardmagazine, die Befriedigung der Bedürfnisse nach Unterhaltung gehören dazu. Eine Differenzierung würde Möglichkeiten einer Zensur eröffnen. Die Freiheit der Medien ist dennoch kein Freibrief, andererseits kann nicht jede persönliche Empfindlichkeit eine für die freie Meinungsbildung erforderliche öffentliche Berichterstattung ausschließen. Absolute Grenze für Publikationen sind die Würde des Menschen, seine Identität und seine persönliche Ehre.

Teil zwei

Wissenswertes über Protokoll, Orden und Zeremoniell

Nützliches zum Thema Orden

Nützliches zum Thema Orden

Orden als allgemeine Verdienstauszeichnungen zählen zu den Staatssymbolen, wie Flaggen, Wappen und Hymnen. Auch Nationalfeiertage und Hauptstädte gehören dazu. Orden gehören weltweit zur Grundausstattung eines Staates.
Orden dürfen nur vom Staat oder mit dessen Genehmigung gestiftet werden und dienen als äußeres Zeichen der Würdigung gemeinwohlorientierten Handelns. Die tragbare Auszeichnung dient wie alle Symbole oder Zeichen auch der Identifikation. Sie hat eine deutliche Integrationswirkung.

Weshalb zeichnet der Staat einige seiner Bürgerinnen und Bürger aus?

Sinn von Auszeichnungen ist die Anerkennung besonderer Leistungen für den Staat und die Gesellschaft. Die Geehrten sollen allseits sichtbar aus der Vielzahl der übrigen Bürger/innen herausgehoben werden.
Orden und Auszeichnungen bieten die Möglichkeit, durch ein tragbares Abzeichen anerkennenswertes Wirken, gemeinwohlorientierte uneigennützige Tätigkeiten oder vorbildliches Verhalten durch eine angemessene und ermutigende Anerkennung zu würdigen und äußerlich kenntlich zu machen.
Auszeichnungen haben ebenso die Funktion, Leitbilder zu setzen, an denen sich andere orientieren können und nach Auffassung des Auszeichnenden auch orientieren sollen.
Jede Auszeichnung bezweckt in erster Linie die Belohnung der zu ehrenden Person. Sie soll allseits sichtbar aus der Vielzahl der übrigen – nicht Geehrten – herausgehoben werden. Darüber hinaus soll die Ehrung sowohl für den Ausgezeichneten als auch für andere einen Ansporn bilden, in Zukunft Kräfte dem gemeinsamen Nutzen nach Möglichkeit dienstbar zu machen. Insoweit lässt sie dem Geehrten auch eine Vorbildfunktion zukommen.
Der erste Bundespräsident Theodor Heuss, der kein Freund eines ausgedehnten Ordens- und Repräsentationswesens war, fand es vernünftig und richtig, außergewöhnliche Leistungen anerkennen zu können. Er brachte es auf den Punkt: *Der Staat muss danken können.* Seine Überzeugung war, dass Orden dazu beitragen können, das Band zwischen dem Staat und seinen Bürgerinnen und Bürgern zu festigen.

Der Staat lebt nicht nur dadurch, dass seine Organe und seine Verwaltung funktionieren, alle ihre Pflicht tun und ihre Aufgaben erfüllen, sondern er lebt in hohem Maße vom ehrenamtlichen oder zusätzlichen Engagement, von der freiwilligen Mehrleistung, die man durch keine Vorschrift einfordern kann, die dennoch nicht selbstverständlich ist, und für die der Staat seinen Dank ausdrücken möchte.

Der Staat stellt sich selbst dar, wenn er Verdienste um ihn öffentlich würdigt. Seine Ziele, die leitende Idee, der verpflichtende Auftrag oder das Legitimationsprinzip werden herausgestellt und dadurch sichtbar und erfahrbar gemacht.

Die mit einer Ehrung verbundene Werbewirkung ist zweifacher Art: Einmal macht die Ehrung die geehrte Person bekannt und dies übt eine werbende Wirkung für den Geehrten aus, zum anderen wirbt der Staat für sich selbst, indem er – für jedermann sichtbar – herausstellt, dass er Verdienste zu würdigen weiß.

Die Möglichkeit der Teilhabe und Mitgestaltung in Organisationen, Vereinen, Verbänden, Kirchen, Parteien, Gewerkschaften, Bürgerinitiativen oder Selbsthilfe- und Interessengruppen machen den demokratischen Staat erst aus. Ein Gemeinwesen lebt in hohem Maße von dem, was über die Pflichterfüllung hinaus geleistet wird, und deshalb nicht als selbstverständlich angenommen werden kann – was also einen besonderen Dank wert sein sollte.

Es geht also um eine ideelle Belohnung eines zwar erwünschten, aber rechtlich nicht erzwingbaren Verhaltens. Ehrenerweise haben demnach dort ihren Platz, wo rechtliche Regelungen ihren Sinn verlieren. Deshalb kann auch niemand ein Recht auf Ordensverleihung geltend machen; Ordensverleihungen sind außerrechtliche Gunsterweise, sie können nicht eingeklagt werden.

Dennoch gibt es natürlich auch für diesen Bereich rechtliche Regelungen. Sie finden sich für den Bundesverdienstorden im Grundgesetz (z.B. Art. 58, Gleichbehandlungsgebot, Willkürverbot), im Stiftungserlass, im Ordensgesetz, im Statut und in den Ausführungsbestimmungen. Das Bundespräsidialamt hat diese Bestimmungen in einer Broschüre zusammengefasst, in der auch die einzelnen Stufen des Bundesverdienstordens abgebildet sind.

In deren Anhang befindet sich eine Auflistung der Vorschlagsberechtigten, also der Stellen, denen Personen für eine Auszeichnung benannt werden können. Das Bundespräsidialamt sendet Interessierten diese Broschüre gerne zu.

Die Vorschriften über Landesorden finden sich in den entsprechenden landesrechtlichen Regelungen. Hierzu erteilen die Ordenskanzleien der Länder Auskunft.

Bundesverdienstorden und Landesverdienstorden

Der Bundespräsident hat das Recht, Titel, Orden und Ehrenzeichen zu verleihen. Dasselbe gilt für die Länder. Daher gibt es in Deutschland sowohl auf Bundes- wie auf Landesebene Titel, Orden und Ehrenzeichen.
Der Bund und fast alle Bundesländer haben einen Verdienstorden als allgemeine Auszeichnung für Leistungen, die grundsätzlich von jedermann erbracht werden können, deren Adressatenkreis nicht beschränkt ist.
Bundes- und Landesverdienstorden sind Ehrungen für individuell erbrachte Leistungen. Verleihungen beispielsweise an Firmen, Vereine oder Gruppen sind ausgeschlossen.

Dem gegenüber sind jedoch Verleihungen an Ehepaare möglich, wenn beide Ehepartner verdienstvoll gewirkt haben. Sind die Verdienste von unterschiedlicher Qualität, so ist auch die Verleihung unterschiedlicher Stufen denkbar, sie werden also behandelt wie Einzelpersonen.

Weder für den Bundesverdienstorden noch für die Landesverdienstorden ist eine posthume Verleihung vorgesehen. Verstirbt der Beliehene zwischen der Bekanntgabe der Verleihung und Aushändigung der Insignien, können den Hinterbliebenen die Verleihungsurkunde und – bei Interesse – auch die Insignien überlassen werden. Stirbt er vor Bekanntgabe der Ordensauszeichnung, so ist der Orden nicht wirksam verliehen, denn die Ordensverleihung wird erst mit der Bekanntgabe wirksam.

Bundesverdienstorden

Der Verdienstorden der Bundesrepublik Deutschland wurde 1951 von Bundespräsident Theodor Heuss gestiftet.

Der Bundesverdienstorden wird in acht Stufen verliehen (siehe Tabelle Seite 175). Es gibt Damen- und Herrenausführungen (siehe auch Abbildungen zur Trageweise Seite 194 ff.)

Jede Ordensstufe gibt es in einer Damen- und Herrenausführung. Auf Wunsch wird Damen auch die Herrenausführung ausgehändigt.

Verdienstmedaille in Herren- und Damenausführung

Verdienstkreuz am Bande in Herren- und Damenausführung

Verdienstkreuz
1. Klasse
in Herren- und
Damenausführung

Großes Verdienst-
kreuz
in Herren- und
Damenausführung

Großes Verdienst-
kreuz mit Stern
in Herren- und
Damenausführung

Großes Verdienst-kreuz mit Stern und Schulterband in Herren- und Damenausführung

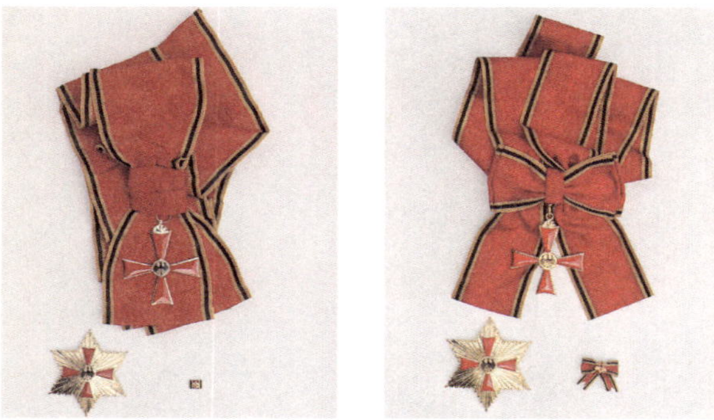

Großkreuz in Herren- und Damenausführung

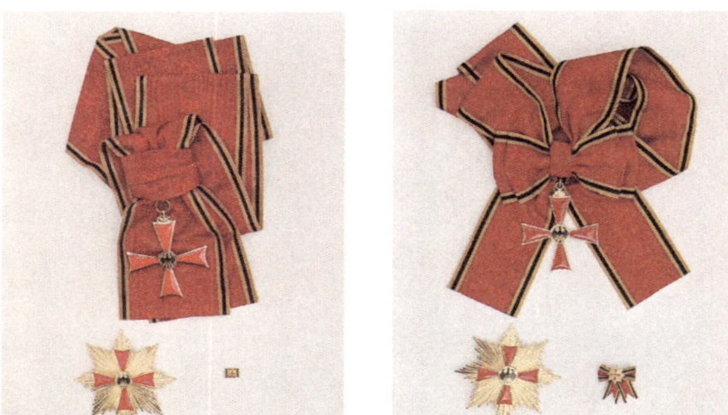

Großkreuz Sonderstufe in Herren- und Damenausführung

Landesverdienstorden
In allen Ländern gibt es Landesauszeichnungen, die für besondere Verdienste um das entsprechende Land verliehen werden. Sie sind unmittelbarer Ausdruck der föderalistischen Staatsordnung und der Selbstständigkeit der Länder.
Viele Ministerpräsidenten haben zudem einen eigenen Landesverdienstorden gestiftet.
Eine umfangreiche Zusammenstellung der Bundes- und Landesauszeichnungen enthält das Buch *Die Orden und Ehrenzeichen unserer Republik* (siehe Weiterführende Literatur).

Nachfolgend werden die einzelnen Landesverdienstorden kurz aufgelistet. Was die internationale Klassifizierung angeht, wird auch auf die Tabelle Seite 175 hingewiesen.

Baden-Württemberg
Seit 1974 gibt es in Baden-Württemberg die Verdienstmedaille.

Vorderseite Großes Landeswappen

Rückseite Für Verdienste

Ordensrechtlich ist diese Auszeichnung ein Bandkreuz (nach internationaler Klassifizierung ein Ritterkreuz); ideell wird sie jedoch allein schon bedingt durch die hohen Verleihungskriterien wesentlich höher angesiedelt.

Bayern
Der Bayerische Verdienstorden wird seit 1957 als Halskreuz verliehen.

Bayerischer Verdienstorden in Damen- und Herrenausführung

Berlin
Berlin hat seit 1987 einen Landesorden, der als Halskreuz verliehen wird.

Orden mit Damen- und Herrenminiatur

Hessen

Der Hessische Verdienstorden als Halsorden wird seit 1989 und als Bandauszeichnung seit 1998 verliehen.

Damenausführungen mit Miniatur (links: Bandauszeichnung)

Herrenausführungen mit Miniatur (links: Bandauszeichnung)

Mecklenburg-Vorpommern

Im Jahre 2001 ist der Verdienstorden des Landes Mecklenburg-Vorpommern als Halskreuz gestiftet worden.

Damen- und Herrenausführung mit Miniatur.

Niedersachsen

Seit 1961 wird der Niedersächsische Verdienstorden in drei Stufen verliehen, als Verdienstkreuz am Bande, Verdienstkreuz 1. Klasse und als Großes Verdienstkreuz.

Bandauszeichnung mit Damen- und Herrenminiatur

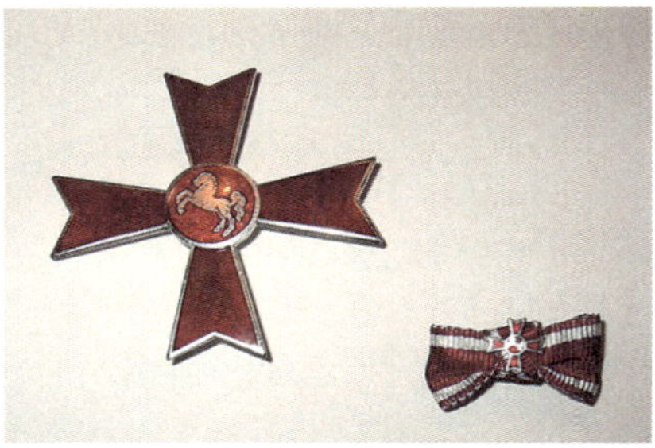

Steckkreuz (oben) und Halsorden (unten) Herren- und Damenausführung

Nordrhein-Westfalen
Der Verdienstorden des Landes Nordrhein-Westfalen wird seit 1986 als Steckkreuz verliehen.

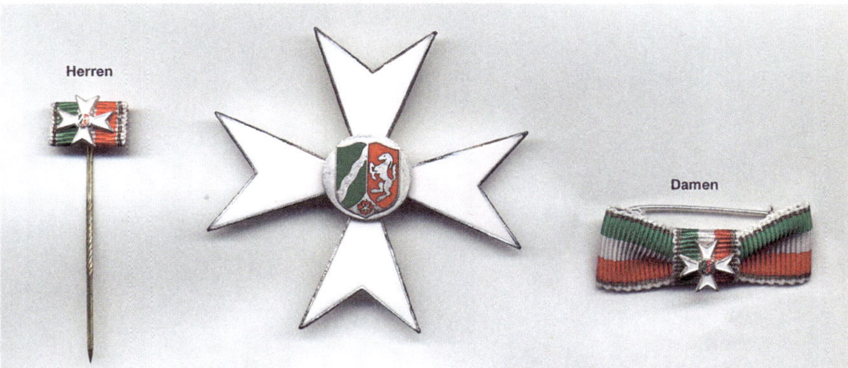

Verdienstorden des Landes Nordrhein-Westfalen mit Herren- und Damenminiatur

Rheinland-Pfalz
Seit 1981 wird der Verdienstorden des Landes Rheinland-Pfalz als Steckkreuz verliehen. Dazu gibt es eine Herren- und Damenminiatur.

Saarland

Der Saarländische Verdienstorden wird als Zeichen der Anerkennung für besondere Verdienste um das Saarland seit 1974 verliehen.

Er ist ein Orden 1. Klasse (international: Offizierskreuz). Er entspricht in seiner Stufe dem Bundesverdienstkreuz 1. Klasse und wird auch so getragen.

Die Stiftung des Saarländischen Verdienstordens erfolgte in der Absicht, das Bewusstsein für die saarländische Identität zu wecken und zu vertiefen und zu seiner Selbstdarstellung und Wesenseinheit beizutragen.

Die derzeitigen Verleihungsschwerpunkte sind:
1. Verdienste um eine starke, aktive Bürgergesellschaft
2. Engagiertes Wirken junger Menschen
3. Anerkennung der Leistungen von Frauen

Sachsen
Den Sächsischen Verdienstorden gibt es seit 1996. Er wird als Halsorden verliehen.

Herrenausführung mit Miniatur

Damenausführung

Miniatur

Thüringen
Seit 2000 wird der Verdienstorden des Freistaates Thüringen als Steckkreuz verliehen.

Steckkreuz mit Herren- und Damenminiatur

Die Hansestädte Bremen und Hamburg haben nach hanseatischer Tradition keine eigenen Orden; zu dieser Tradition gehört auch, bei der Annahme von Orden zurückhaltend zu sein.

In Brandenburg läuft zur Zeit das Stiftungsverfahren für die Verleihung eines Landesverdienstordens.

Das Verhältnis Bundesorden zu Landesorden ist keinesfalls so zu sehen, dass Landesorden im Vergleich nachrangig seien. Dieser Vorstellung begegne ich jedoch so oft, dass es mir wichtig erscheint, dieses Missverständnis aufzuklären: Alle Orden sind international nach Wertigkeit klassifiziert, vom Ritterkreuz bis zum Großkreuz. Der Saarländische Verdienstorden beispielsweise ist als Orden 1. Klasse gestiftet worden und entspricht nach der internationalen Klassifizierung einem Offizierskreuz und damit in seiner Stufe dem Bundesverdienstkreuz 1. Klasse. In seiner Stufe ist er also höher zu bewerten als ein Verdienstkreuz am Bande, das nach internationaler Klassifizierung einem Ritterkreuz entspricht.

Auch ausländische Orden sind nach diesem System klassifiziert. Die höchsten Orden eines Landes sind die allgemeinen Verdienstorden, die vom Staatsoberhaupt verliehen werden, in Frankreich beispielsweise der Orden der Ehrenlegion. Auch er wird in mehreren Stufen verliehen als Chevalier (Ritterkreuz), Officier (Offizierskreuz), Commandeur (Kompturkreuz), Grand Officier (Großoffizierskreuz) und Grand Croix (Großkreuz). Daneben gibt es in Frankreich den Ordre National du Mérite, ebenfalls in den vorerwähnten Stufen und

Internationale Klassifizierung	Verdienstorden der BRD	Landesorden (Beispiele)				
		Bayern	Niedersachsen	Nordrhein-Westfalen	Saarland	Sachsen
	Großkreuz Sonderstufe					
Großkreuz (Hüftdekoration)	*Großkreuz*					
Großkreuz 2. Klasse (Hüftdekoration)	*Großes Verdienstkreuz mit Stern und Schulterband*					
Großoffizierskreuz (Halsdekoration mit Stern)	*Großes Verdienstkreuz mit Stern*					
Komtourkreuz (Halsdekoration)	*Großes Verdienstkreuz*	*Bayerischer Verdienstorden*	*Großes Verdienstkreuz des Niedersächsischen Verdienstordens*			*Sächsischer Verdienstorden*
Offizierskreuz (Steckdekoration)	*Verdienstkreuz 1. Klasse*		*Verdienstkreuz des Niedersächsischen Verdienstordens*	*Verdienstorden des Landes Nordrhein-Westfalen*	*Saarländischer Verdienstorden*	
Ritterkreuz (Brustdekoration)	*Verdienstkreuz am Bande*		*Verdienstkreuz am Bande des Niedersächsischen Verdienstordens*			
	Verdienstmedaille					

Internationale Klassifizierung / Bundesorden / Landesorden.

eine Reihe von Auszeichnungen für Verdienste in bestimmten Bereichen (Ordre des Palmes Académiques, Ordre du Mérite Agricole, Ordre du Mérite Maritime, Ordre des Arts et des Lettre), jeweils in den Stufen Chevalier, Officier und Commandeur.

Zweifel kommen auch immer wieder auf, wenn es um die Frage geht, ob Verdienste, die bereits mit dem Bundesverdienstorden gewürdigt wurden, noch einmal als Begründung für eine weitere Ordensauszeichnung, z.B. mit einem Landesorden, herangezogen werden können.
Grundsätzlich gilt, dass Verdienste, die zu einer Auszeichnung geführt haben, als *konsumiert* gelten. Sonst hätte jeder Ordensträger mit der Verleihung *automatisch* die Begründung in der Hand für weitere Ordensverleihungen.
In der praktischen Handhabung solcher Fälle orientiert man sich deshalb sinnvollerweise an den Bestimmungen, die für eine Höherstufung gelten, und auf Seite 186 behandelt werden.

Wie ist eine Ordensauszeichnung zu erreichen?

In den Ausführungsbestimmungen zum Bundesverdienstorden (Abschnitt II) ist geregelt, dass jedermann die Verleihung des Verdienstordens an einen anderen initiieren kann. Wer allerdings seine eigene Auszeichnung anregt, kann mit einer Ordensauszeichnung nicht rechnen.
Zum besseren Verständnis der nachfolgenden Ausführungen, sei darauf hingewiesen, dass die Begriffe Anregung und (förmlicher) Vorschlag im Ordenswesen eine unterschiedliche Bedeutung haben. Mit Anregung ist die Initiative einer Einzelperson oder einer Vereinigung gemeint, einen anderen mit einem Orden auszuzeichnen, was üblicherweise durch ein formloses Schreiben erfolgt. Einen (förmlichen) Vorschlag hingegen kann nur der nach den Ordensrichtlinien Vorschlagsberechtigte dem Verleiher (z.B. Bundespräsident, Ministerpräsident) unterbreiten, und zwar nach dem dafür vorgesehenen (förmlichen) Verfahren.
Die Anregung, einen anderen mit einem Orden auszuzeichnen, ist an den Vorschlagsberechtigten – also denjenigen, der dem Verleiher einen förm-

lichen Vorschlag unterbreiten darf – zu richten. Beim Bundesverdienstorden sind dies

- die Ministerpräsidenten der Länder, der Regierende Bürgermeister von Berlin und die Senatspräsidenten Bremens und Hamburgs jeweils für ihre Bürger/innen
- der Bundestagspräsident, der Bundesratspräsident und die Bundesminister für Bedienstete ihres Geschäftsbereiches
- der Bundesminister des Auswärtigen für ausländische Staatsangehörige und für Deutsche mit Wohnsitz im Ausland.

Die Voraussetzungen und die Vorschlagsberechtigten für die Verleihung von Landesorden finden sich in den entsprechenden landesrechtlichen Vorschriften. Für den Saarländischen Verdienstorden sind

- der Landtagspräsident für Verdienste im Bereich des Landtags
- die Minister für Verdienste, die ihrem Geschäftsbereich zuzuordnen sind,

vorschlagsberechtigt. Anregungen kann jedermann an die Vorschlagsberechtigten richten.

Die Vorschlagsberechtigten tragen gegenüber dem Verleihenden die Verantwortung für die Richtigkeit der im Vorschlag gemachten Angaben. Deshalb wird jede Ordensanregung einem eingehenden Prüfverfahren unterzogen, d.h. zunächst werden die Angaben des Anregers auf Richtigkeit und soweit möglich auch auf Vollständigkeit geprüft. Anhand von Vergleichsfällen und verschiedener Stellungnahmen wird die Auszeichnungswürdigkeit des Vorgeschlagenen auf den Prüfstand gestellt. Danach wird die Ordenswürdigkeit des Kandidaten festgestellt, denn beispielsweise Vorstrafen schließen unter Umständen eine Ordensauszeichnung aus.

Um diese Überprüfungsarbeit überhaupt leisten zu können, sind die Ordenskanzleien der Vorschlagsberechtigten auf umfangreiche Angaben seitens des Anregenden angewiesen. Eine Ordensanregung sollte aus folgenden drei Teilen bestehen

- Persönliche Daten (Name, evtl. Geburtsname und Titel, Adresse, Geburtsdatum und -ort, Beruf)
- kurz skizzierter Lebenslauf
- Darlegung der erbrachten Leistungen um das Gemeinwohl im Einzelnen sowie deren Bewertung aus Sicht des Anregenden.

Für die Bewertung unerlässlich ist eine ausführliche und umfassende Beschreibung des verdienstvollen Wirkens des Ordenskandidaten. Keinesfalls ausreichend ist eine tabellarische Auflistung von Ehrenämtern, denn allein die Übernahme von Ehrenämtern rechtfertigt nach den Verleihungsrichtlinien eine Ordensauszeichnung nicht. Die Beschreibung muss geeignet sein, sich ein Bild von Art, Umfang und Intensität des Engagements zu machen.
So verschieden wie die Menschen selbst sind auch die Verdienste, die sie für die Allgemeinheit erbringen. Es gibt keine exakt messbaren Kriterien; jeder Fall liegt anders und muss im Vergleich zu ähnlichen beurteilt werden. Und doch hat sich im Laufe der Jahre eine Ordenspraxis herausgebildet, die im Falle des Bundesverdienstordens zwar Besonderheiten der einzelnen Länder zulässt, letztlich aber durch die Ordenskanzlei des Bundespräsidialamtes harmonisiert wird.
In den Staats- und Senatskanzleien der Länder laufen die Fäden für Ordensverleihungen zusammen, d.h. hier wird anhand der Überprüfungsergebnisse der Anregungen beurteilt, ob eine Stufe des Bundesverdienstordens oder eher der Landesorden in Betracht kommt oder ob andere Ehrungen geeigneter erscheinen. Einen Automatismus in dem Sinne, dass jede Anregung automatisch eine Auszeichnung nach sich zieht, gibt es nicht. Auszeichnungen bleiben zurückgestellt, solange die ordensrechtlichen Voraussetzungen nicht oder noch nicht erfüllt sind.
Von Zeit zu Zeit werben „Ordensbeschaffer" für ihre Dienstleistungen und bieten Bürgerinnen und Bürgern an, ihnen behilflich zu sein, mit einem Verdienstorden ausgezeichnet zu werden. Selbstverständlich gegen ein sattes Honorar und natürlich ohne Erfolgsgarantie. Hierbei handelt es sich durchweg um eine Täuschung gutgläubiger Personen, denn jeder Ordensantrag durchläuft dasselbe Prüfungsverfahren. Wird die Auszeichnungswürdigkeit der Verdienste und die Ordenswürdigkeit des Kandidaten festgestellt, kommt es zur Ordensverleihung. Maßgeblich hierfür sind Fakten und Vergleichsfälle, also Dinge, auf die kein externer Dienstleister Einfluss nehmen kann. Vom Bundespräsidialamt werden solche Angebote als Herabwürdigung des Verdienstordens und als Beschädigung des Amtes des Bundespräsidenten gesehen.

Wesentliche Auszeichnungs- und Verfahrensbestimmungen

Dieser Abschnitt bezieht sich in erster Linie auf den Bundesverdienstorden. Viele der Auszeichnungs- und Verfahrensbestimmungen werden aber auch in den Ländern für die Auszeichnung mit dem Landesverdienstorden entsprechend angewandt. Sie werden insbesondere dann herangezogen, wenn eigene Landesregelungen generell oder punktuell fehlen.

Ganz allgemein ausgedrückt wird der Verdienstorden der Bundesrepublik Deutschland verliehen für

- Leistungen, die im Bereich der politischen, der wirtschaftlich-sozialen und der geistigen Arbeit dem Wiederaufbau des Vaterlandes dienten (Stiftungserlass)
- besondere Verdienste um die Bundesrepublik Deutschland (§ 1 Abs. 1 Ordensgesetz)
- besondere Verdienste durch mitmenschliche Hilfe (I. 3. S. 2 der Ausführungsbestimmungen)
- überragende Einzelleistungen (V. der Ausführungsbestimmungen)

Die eine Ordensauszeichnung rechtfertigenden Verdienste können in den unterschiedlichsten Bereichen erbracht werden, z.B.

- Berufsstand
- Gewerkschaft
- Karitas / Wohltätigkeit
- Kirche, Religionsgemeinschaften
- Kommunale Selbstverwaltung
- Kultur
- Medien
- Natur-, Umwelt-, Tierschutz
- Politik
- Rechtspflege
- Soziales
- Sport
- Verwaltung
- Wirtschaft

- Wissenschaft
- Zivil-, Katastrophenschutz

Die Verdienste können sowohl durch berufliche als auch durch ehrenamtliche Tätigkeiten erbracht werden. Einschränkungen enthalten die Ausführungsbestimmungen.
Darin heißt es:

- Die tadelsfreie Erfüllung von Berufspflichten genügt *nicht* für eine Verleihung des Verdienstordens (II. 3. a der Ausführungsbestimmungen).
- Verdienste um das eigene Unternehmen genügen *nicht*, selbst wenn ihm große wirtschaftliche Bedeutung zukommt (II. 3. b der Ausführungsbestimmungen).
- Öffentliche Bedienstete können ausgezeichnet werden, wenn sie sich bei Erfüllung aller Dienstpflichten außergewöhnliche Verdienste um das allgemeine Wohl erworden haben (II. 3. c der Ausführungsbestimmungen). Diese Regelung wird restriktiv gehandhabt.
- Die Übernahme von ehrenamtlichen Tätigkeiten, z.B. in Organisationen, Vereinen, Verbänden, Kirchen, Parteien, Gewerkschaften, Bürgerinitiativen oder Selbsthilfegruppen *allein* genügt *nicht* für eine Verleihung des Verdienstordens.

  Erforderlich sind (II. 3. a der Ausführungsbestimmungen)
  - großer persönlicher Einsatz
  - Zurückstellung eigener Interessen
  - längerer Zeitraum
  - Förderung wichtiger staatlicher oder gesellschaftlicher Belange

In ehrenamtlichen Tätigkeiten spiegelt sich vieles von dem, was ein Land und seine Menschen prägt: Gemeinsinn, Zusammenhalt in Solidargemeinschaften ebenso wie entschiedenes Eintreten für die als richtig erkannte Sache, sei es im Bereich sozialer Betätigung, mitmenschlicher Hilfe, politischer oder gesellschaftlicher Mitverantwortung, künstlerischen Strebens, grenzüberschreitender Aktivitäten oder kultureller Ambitionen, um nur einige Beispiele zu nennen.

Voraussetzung für eine Auszeichnung sind über persönliche Ziele hinausgehende und ins Ganze unseres Gemeinwesens wirkende Leistungen. Auch Ehre muss also in unserer Leistungsgesellschaft durch Engagement erworben werden.

Verdienstvolles Wirken trifft man in ganz unterschiedlicher Ausgestaltung an. Hier eine kleine Auswahl:

- Arbeit mit Senioren
- Engagement für Benachteiligte
- Familien- und Nachbarschaftshilfe
- Verbesserung der Situation von Familien
- Betreuung von Kindern und Jugendlichen
- jahrelanges Engagement bei der Pflege und Betreuung Kranker, Behinderter und Sterbender auch im häuslichen Bereich
- Verbesserung der bildungspolitischen Situation
- herausragende Forschungs- und Entwicklungsleistungen
- zukunftsweisende Innovationen und Erfindungen
- besondere kulturelle Leistungen in den Bereichen Theater, Musik, Film, Bildende Kunst, Architektur, Literatur etc.
- Verdienste um das Zusammenwachsen des geteilten Deutschlands und um die neuen Länder
- Förderung der europäischen Einigung
- Förderung der Beziehungen zu Nachbarländern
- Mehrung des Ansehens im Ausland
- Förderung des friedlichen Zusammenlebens zwischen den Kulturen und Religionen
- Integration von Aussiedlern und Ausländern
- besonders couragiertes Eintreten gegen Gewalt
- nachhaltige Schaffung von Ausbildungs- und Arbeitsplätzen
- Förderung des Wachstums

In dieser Auflistung sind die Verleihungsschwerpunkte des jetzigen Bundespräsidenten enthalten, denn jeder Bundespräsident bestimmt für seine Amtszeit besonders herauszuhebende Leistungen. Er stellt damit die Vorbildfunktion in den Bereichen unseres Gemeinwesens heraus, denen er – auch als Folge aktueller Ereignisse – besondere Bedeutung zumisst, z.B. Engagement gegen Gewalt, Ausländerfeindlichkeit oder Arbeitslosigkeit.

Als erste Auszeichnung wird grundsätzlich keine höhere Stufe als das Verdienstkreuz am Bande (vgl. Übersicht Klassifizierung Seite 175) verliehen, wobei für diese Ordensstufe ein Mindestalter von 40 Jahren als wünschenswert angesehen, aber nicht zwingend gefordert wird. Die Verleihung der Verdienstmedaille ist nicht an Bestimmungen bezüglich des Lebensalters gebunden.
Nur ausnahmsweise können höhere Stufen als Erstauszeichnung verliehen werden, und zwar

- das Bundesverdienstkreuz 1. Klasse, wenn das 65. (in Ausnahmefällen das 55.) Lebensjahr vollendet ist
- das Große Verdienstkreuz, wenn das 70. (in Ausnahmefällen das 60.) Lebensjahr vollendet ist

Solche Ausnahmen müssen besonders begründet werden.

Jede Ordensanregung wird einem Prüfverfahren unterzogen, das sich in zwei Teile gliedert: Bei der so genannten Verdiensteprüfung, die der Feststellung der Auszeichnungswürdigkeit der erbrachten Leistungen dient, werden die Angaben über die verdienstvolle Tätigkeit verifiziert und gewichtet, bei der Ordenswürdigkeitsprüfung steht die vorgeschlagene Person im Mittelpunkt. Dabei werden z.B. Vorstrafen, Leumund oder politische Vergangenheit eruiert.
Nach den Ordensrichtlinien bestimmt sich die Auszeichnungswürdigkeit einer Leistung nach dem ihr zugrunde liegenden Maß an

- Gemeinsinn
- Sachkenntnis
- Tatkraft
- und der Tragweite für das allgemeine Wohl

Sowohl die Auszeichnungswürdigkeit der Verdienste als auch die Ordenswürdigkeit des Kandidaten kann nur anhand ausführlicher Auskünfte be-

urteilt und bewertet werden sowie unter Heranziehung ähnlicher Fälle, um Vergleichsmöglichkeiten zu haben.
Die Durchführung des Prüfverfahrens obliegt den Vorschlagsberechtigten, denn der Bundespräsident stützt seine Entscheidung grundsätzlich auf deren förmliche Vorschläge und nimmt Verleihungen nur im Einvernehmen mit ihnen vor. Die förmlichen Vorschläge werden dem Chef des Bundespräsidialamtes zugeleitet, der sie dem Bundespräsidenten nach Gegenzeichnung entweder des Bundesministers des Innern oder des Bundesministers des Auswärtigen (bei Ordensstufen ab dem Großen Verdienstkreuz mit Stern auch des Bundeskanzlers) zur Entscheidung vorlegt. Die förmlichen Vorschläge müssen die persönlichen Daten, die Darlegung der Verdienste im Einzelnen sowie eventuelle Vorstrafen enthalten.

Alle Ordensvorgänge sind vertraulich zu behandeln heißt es in den Ausführungsbestimmungen zum Bundesverdienstorden. Diese Regelung schützt die Persönlichkeitsrechte des Vorgeschlagenen wie ebenfalls die Anregenden und die Auskunftgebenden.
Anrufer reagieren oft mit Unverständnis, wenn zu einem laufenden Ordensfall keine Einzelauskünfte erteilt werden, denn erst nach Abschluss des Verfahrens werden die Ordensträger bekannt gegeben. Da es sich um eine öffentliche Ehrung handelt, ergehen dann auch regelmäßig Mitteilungen an die Presse.
Während des laufenden Verfahrens jedoch erhält kein Außenstehender Informationen über Einzelheiten des Prüfverfahrens, die Person des Anregenden oder weiterer Auskunftgebenden. Auskünfte werden deshalb möglichst abstrakt erteilt, Verfahrens- und Verleihungsvorschriften erklärt, aber ohne konkreten Bezug auf den speziellen Fall.
Die meisten Anfragen beziehen sich auf die Dauer des Verfahrens, das sich in der Tat häufig in die Länge zieht. Sie hängt im wesentlichen davon ab, wie schnell die angefragten Behörden und Referenzpersonen sich äußern. Von den angefragten Behörden müssen häufig wiederum mehrere Stellen eingeschaltet werden, um eine möglichst breite Informationsbasis für die Entscheidungsfindung zu erhalten. Handelt es sich dabei um staatliche Stellen, macht das Setzen von Fristen keine Probleme: Anders sieht es jedoch aus, wenn

Institutionen, Referenzpersonen etc. eingeschaltet werden müssen; hier ist ein Drängen auf schnelle Auskunft oft nur zu Lasten der Qualität der Angaben zu erreichen. Bei Institutionen werden zudem solche Fragen oft in Gremien beraten, die nur in gewissen Zeitabständen tagen.
Nachfragen gibt es regelmäßig auch zur Ordenspraxis. Vielfach wird verkannt, dass sich auch Verleihungsrichtlinien ändern und Ordensverleihungen nach anderen Gesichtspunkten vorgenommen werden, als vor Jahrzehnten. Ein Beispiel dafür ist die Auszeichnung von Arbeitnehmern für 50jährige treue Dienste, die es von 1952 bis 1966 gab. Bei der heute erwünschten Mobilität von Arbeitnehmer wäre eine solche Auszeichnung das falsche Signal und nicht mehr zeitgemäß. In Auszeichnungen spiegeln sich also stets auch die gegenwärtigen Probleme und die Anforderungen an die Gesellschaft. Standen vor fünfzig Jahren noch die Kriegsfolgen und der Wiederaufbau im Mittelpunkt, so sind es heute wirtschaftliche Situation, Kriminalität und Vereinsamung.
So wie die Gesellschaft selbst, entwickelt sich auch die Ordenspraxis. Daher wurden auch die Ausführungsbestimmungen zum Bundesverdienstorden mehrfach geändert. Zunächst galt der Orden als Würdigung des Lebenswerkes. Die Beliehenen waren meist über 60 Jahre alt. 1967 erfolgte die Herabsetzung des Mindestalters auf 40 Jahre, das 1972 in eine Sollvorschrift umgewandelt wurde. Damit wurde die Auszeichnung jüngerer Menschen ermöglicht. Erst 1983 wird die *mitmenschliche Hilfe* als Auszeichnungsgrund aufgenommen, die stärkere Berücksichtigung von Ehrenämtern und die besondere Beachtung der Tätigkeiten von Frauen festgeschrieben. Der Wunsch des jetzigen Bundespräsidenten, mehr junge Menschen auszuzeichnen, hat noch keinen Eingang in die Ausführungsbestimmungen gefunden, ist aber dennoch durch sie abgedeckt, da für die Verleihung der Verdienstmedaille kein Lebensalter vorgeschrieben und bei höheren Stufen Ausnahmen – zwar nach strengem Maßstab – möglich sind.

Nicht nur der Bundespräsident, sondern auch die Vorschlagsberechtigten können mit Ordensauszeichnungen Akzente setzen. So kann das politische Ziel beispielsweise eines Länderregierungschefs die Entwicklung einer aktiven Bürgergesellschaft sein, die zum Leitbild eines modernen Landes passt.

Freiwillige Leistung anzuerkennen und auszuzeichnen ist dann wesentlicher Bestandteil der Regierungspolitik.
Ganz verbreitet ist der Wunsch, Orden zu Geburtstagen und Jubiläen zu verleihen. Begründet wird dieser Wunsch damit, dass zu dieser Gelegenheit ein Fest veranstaltet werde, an dem alle für die zu ehrende Person wichtigen Personen aus dem persönlichen, beruflichen, ehrenamtlichen Bereich anwesend seien und zum vollendeten Glück nur noch fehle, dass ein hoher staatlicher Repräsentant den verdienten Orden überreiche. Eine andere Variante erlebe ich oft bei Institutionen:... *und dann haben wir überlegt, was wir schenken könnten, aber er/sie hat ja alles! Da hatte einer die gute Idee, wir könnten ihn/sie zur Ordensauszeichnung vorschlagen. Dann käme ja sicher der Ministerpräsident, um den Orden selbst auszuhändigen, und damit hätten wir einen hochrangigen Ehrengast und Festredner!...*
Zugegeben, solche Gedanken sind nachvollziehbar. Die Intention einer Ordensauszeichnung ist jedoch, die besonderen individuellen Leistungen, die unter Zurückstellung eigener Interessen erbracht werden und als vorbildlich gelten können, in einem eigenen gesonderten Akt zu würdigen. Dieses Ziel wird verfehlt, wenn ein weiterer Anlass als die Ordensauszeichnung selbst gegeben ist und womöglich in den Vordergrund tritt. Dies kann insbesondere bei Geburtstagen oder Jubiläen leicht eintreten. Im schlimmsten Fall verkommt die Ehrung dann zum *Geschenk*. Eine solche Praxis schmälert den Wert einer Auszeichnung, und wird weder dem verdienstvollen Wirken des Ausgezeichneten noch dem Ansehen des Ordens gerecht.
Absolut ausgeschlossen ist eine Auszeichnung dann, wenn sie zum reinen Selbstzweck wird, also nur noch ausschließlich der Dekoration dient.
Verliehene Orden können auch wieder entzogen werden, wenn sich der Ordensträger als unwürdig erweist. Dies ist insbesondere bei Begehung einer entehrenden Straftat der Fall. Auch NS- oder Stasivergangenheit können Gründe für eine Ordensunwürdigkeit darstellen.
Andererseits kann niemand gezwungen werden, eine Auszeichnung anzunehmen. Es gehört zum Persönlichkeitsrecht eines jeden zu entscheiden, ob man eine Auszeichnung annehmen möchte oder nicht. Ein einmal erklärter Verzicht ist bindend und kann grundsätzlich nicht mehr zurückgenommen werden.

Ist eine mehrfache Auszeichnung möglich?

Grundsätzlich gelten Verdienste, die durch eine Auszeichnung gewürdigt wurden, als *konsumiert*, d.h. für dieselbe Leistung ist eine mehrfache Auszeichnung nicht möglich. Für weitere Auszeichnungen sind demnach erneute Verdienste erforderlich.

Der Bundesverdienstorden kennt das Prinzip der Höherstufung, d.h. es gibt die Möglichkeit, jemanden, der mit einer Stufe des Bundesverdienstordens ausgezeichnet ist, mit der nächsthöheren Stufe auszuzeichnen (vgl. Übersicht S. 175). In den Ausführungsbestimmungen zum Bundesverdienstorden (Abschnitt III) sind die Voraussetzungen dafür genannt.

Schon in den allgemeinen Grundsätzen heißt es, dass jede Ordensverleihung eine selbständige, auszeichnungswürdige Leistung für das allgemeine Wohl voraussetzt (II. 2. a der Ausführungsbestimmungen).

Eine neue auszeichnungswürdige Leistung liegt vor, wenn

- der Grad der Auszeichnungswürdigkeit einer bereits gewürdigten Leistung wesentlich gesteigert worden ist, beispielsweise eine ehrenamtliche Tätigkeit intensiviert oder das bisherige Engagement wesentlich verstärkt wurde oder
- zusätzliche herausragende und beispielhafte Leistungen erbracht wurden, die nach ihrer Wertigkeit einen höheren Orden rechtfertigen.

Ist eine höhere Ordensstufe als das Bundesverdienstkreuz am Bande angestrebt, so ist eine Auszeichnung mit der vorherigen Stufe Bedingung.

Das Verdienstkreuz 1. Klasse und das Große Verdienstkreuz können frühestens vier Jahre, die höheren Ordensstufen frühestens drei Jahre nach der vorangegangenen Auszeichnung verliehen werden.

Bei einer Höherstufung wird die früher verliehene Stufe nicht abgelegt, in aller Regel wird aber nur die höhere Stufe getragen.

Trifft es immer die „Richtigen“?

Es ist sicher so, dass längst nicht alle, die einen Orden verdient hätten, den Vorschlagsberechtigten benannt werden. Andererseits kann es nicht deren

Aufgabe sein, wie Detektive durchs Land zu reisen, um Ordenswürdige ausfindig zu machen. Vielmehr sind sie auf Anregungen aus der Bevölkerung angewiesen. Jeder ist aufgerufen, die Augen offen zu halten und diejenigen vorzuschlagen, die eine Auszeichnung verdient haben könnten.
Es werden zwar auch andere Quellen ausgewertet, z.B. Zeitungsberichte über besonders engagierte Bürgerinnen und Bürger; die Mehrzahl der Ordensverfahren wird jedoch aufgrund von Anregungen eingeleitet, die größtenteils aus Kommunen, Verbänden, Kammern oder sonstigen Institutionen kommen, aber auch von Einzelpersonen.
Eine deutliche Schieflage ist bei der Auszeichnung von Frauen zu erkennen. Nur rund ein Fünftel der Ordensauszeichnungen werden Frauen zuteil, obwohl sie einen erheblichen, wenn nicht gar den überwiegenden Teil ehrenamtlicher Arbeit leisten. Sie sind meist dort aktiv, wo ihnen hohe Belastungen auferlegt werden, beispielsweise im sozialen Bereich. Sie erbringen ihr Engagement eher im Hintergrund, ohne großes Aufheben davon zu machen und ohne, oder allenfalls gegen eine sehr geringe, Aufwandsentschädigung. Frauen sind weniger in ehrenamtlichen Leitungs- und Vorstandsfunktionen zu finden, erbringen aber gleichwohl wertvolle Leistungen für unsere Gesellschaft, die es anzuerkennen gilt.
Zwar konnte in den letzten Jahren der Frauenanteil an den Ordensauszeichnungen gesteigert werden, er spiegelt jedoch keinesfalls den Anteil wider, den Frauen am bürgerschaftlichen Engagement haben; hier gibt es einen deutlichen Nachholbedarf.
Obwohl in den Ausführungsbestimmungen steht, dass Verdiensten aus Tätigkeiten, die nach der Lebenserfahrung vor allem von Frauen ausgeübt werden, besondere Beachtung zu schenken ist, gibt es wesentlich mehr Anregungen zugunsten von Männern. Sowohl der jetzige Bundespräsident als auch seine Vorgänger im Amt haben versucht, diesen Missstand zu beheben. Ohne wesentlichen Erfolg. Bei der Untersuchung der Gründe hierfür hat sich gezeigt, dass die Leistungen von Frauen weniger öffentlichkeitswirksam wahrgenommen werden, vermutlich weil sie selten oder gar nicht mit der Ausübung repräsentativer Ämter verbunden sind. Es ist aber eine absolute Fehleinschätzung zu meinen, herausragende Leistungen könnten nur in herausragenden Ämtern erbracht werden. Aus meiner eigenen langjährigen

Erfahrung kann ich zudem berichten, dass Frauen ihr Engagement meist als selbstverständlich betrachten und eine gewisse Scheu haben, dafür auch noch eine Ehrung anzunehmen. Wenn ich Frauen auf die Gründe für diese Zurückhaltung anspreche, tritt eine auffallende Unterbewertung des eigenen Engagements zu Tage: ... *das mache ich doch gerne ..., ... das ist für mich selbstverständlich ..., ... ich kenne viele andere Frauen, die in ähnlicher Weise aktiv sind, ich betrachte meine Tätigkeit nicht als etwas Besonderes ...; ... ich betrachte es als meine Pflicht, etwas für die Allgemeinheit zu tun ...*

Hinzu kommen deutliche Hemmungen, in der Öffentlichkeit zu stehen, denn über Ehrungen wird üblicherweise in örtlichen Zeitungen, manchmal auch in Rundfunk und Fernsehen berichtet.

Vielleicht ist es ein großes Missverständnis zu meinen, gemeinwohlorientierte Tätigkeit sei nur auszeichnungswürdig, wenn sie enorm belastend sei. Obgleich die Ordensrichtlinien die *Zurückstellung von eigenen Interessen* voraussetzen, ist damit nicht gesagt, dass Engagement keine Freude bereiten darf. Stolz auf die eigene Leistung ist genauso erlaubt wie das Gefühl einer inneren Befriedigung.

Während Männer eher nach dem Motto handeln *Tue Gutes und rede darüber,* scheint es bei Frauen zum Ethos zu gehören, unspektakulär zu agieren. Hier kann nur eine deutliche Bewusstseinsänderung Abhilfe schaffen.

Eine andere Bevölkerungsgruppe, die bei Ordensverleihungen bisher wenig Berücksichtigung fand, sind junge Menschen. Der jetzige Bundespräsident brachte anlässlich der fünfzigsten Wiederkehr des Stiftungstages des Verdienstordens der Bundesrepublik Deutschland am 7. September 2001 seinen besonderen Wunsch zum Ausdruck, mehr junge Menschen öffentlich zu ehren. *Es gibt sie ja, diese jungen Menschen, die sich in unserer angeblich ausschließlich an Konsum und Spaß orientierten Gesellschaft engagieren, und das sind nicht nur seltene Ausnahmen.*

Grund dafür ist die Entwicklung der Ordensverleihungspraxis, die wiederum aus der Anwendung der Verleihungsrichtlinien resultiert. In (unveröffentlichten) Richtlinien von 1963 war – wie bereits erwähnt – ein Mindestlebensalter von 60 Jahren gefordert. Die Ordensverleihung stellte in aller Regel die Würdigung des Lebenswerkes dar. 1967 wurde die Altersgrenze auf 40 Jahre

festgesetzt. Seit 1972 gibt es diese Altersgrenze nur noch als Sollvorschrift. Für die Verleihung der Verdienstmedaille gibt es keine Beschränkungen hinsichtlich des Lebensalters.
Obwohl also nach und nach die Voraussetzungen geschaffen wurden, auch jüngere Menschen auszeichnen zu können, so ist doch in der Abwägung, entweder das jahrzehntelange erfolgreiche Wirken älterer Menschen oder das ebenfalls erfolgreiche, aber deutlich kürzere Engagement jüngerer zu würdigen, meist zugunsten der Älteren entschieden worden.
Auch bei Bürgerinnen und Bürgern der neuen Bundesländer gibt es noch einen deutlichen Nachholbedarf.

Zeremonie der Ordensaushändigung

Die Ordensaushändigung bildet den Abschluss eines Verleihungsverfahrens. Oft werden die Begriffe *Verleihung* und *Aushändigung* verwechselt oder falsch gebraucht, insbesondere in behördlichen Pressemitteilungen und darauf zurückgreifend natürlich in den Medien. Einen Orden *verleihen* darf nur der Verleihungsberechtigte, d.h. der Bundespräsident verleiht den Bundesverdienstorden, die Länderchefs ihren Landesorden. Davon zu trennen ist die Aushändigung.
Der Bundespräsident überlässt in aller Regel den Vorschlagsberechtigten die Aushändigung verliehener Orden, die ihrerseits Ressortminister, Regierungspräsidenten, Landräte oder Bürgermeister damit beauftragen können.
Auch die Länderministerpräsidenten können – was seltener geschieht – die Aushändigung verliehener Landesorden delegieren.
Deshalb sind Meldungen, wie *Ministerpräsident XY verleiht Bundesverdienstorden an …* schlicht falsch, weil in einem solchen Fall nur die Aushändigung gemeint sein kann.
Händigt der Verleihungsberechtigte selbst den Orden aus, so können Verleihung und Aushändigung durch dieselbe Person erfolgen, beispielsweise wenn ein Ministerpräsident seinen Landesorden vergibt.
Wird die Überreichung der Ordensinsignien und der Urkunde delegiert, so soll die Aushändigung alsbald nach der Verleihung in einem würdigen Rahmen stattfinden.

Grund für die zeitnahe Aushändigung ist die Tatsache, dass die Ordensverleihungen veröffentlicht werden, die Bundesverdienstorden monatlich im Bundesanzeiger, Landesorden in den entsprechenden amtlichen Mitteilungsblättern. Veröffentlichung und Aushändigung sollten in einem engen zeitlichen Zusammenhang stehen.
Eine Ordensauszeichnung sollte nach Möglichkeit nicht zu einem anderem Anlass (Geburtstag, Jubiläum etc.) erfolgen, weil dies den Wert der Auszeichnung als Anerkennung für eine besondere individuelle Leistung schmälert, ein anderer Anlass womöglich in den Vordergrund tritt, und die Ehrung schlimmstenfalls zum *Geschenk* verkommt.

Eine Bitte, die häufig geäußert wird, kommt von kommunalen Repräsentanten. Sie haben in der Regel ein Interesse daran zu erfahren, wenn Bürger/innen aus ihrem Bereich ausgezeichnet werden. Deshalb ist es eine freundliche Geste, sie zu Ordensaushändigungen einzuladen oder sie zumindest davon zu unterrichten, damit sie Glückwünsche aussprechen können. Dasselbe gilt für die Initiatoren einer Ordensauszeichnung.

Ein Praxis-Beispiel zur Aushändigungszeremonie:
Verleiht der saarländische Ministerpräsident den Landesorden oder liegen hohe Stufen des Bundesverdienstordens zur Aushändigung vor, so wird für die zu Ehrenden in der Staatskanzlei ein (Steh-)Empfang gegeben. Meist werden mehrere Personen gleichzeitig geehrt.
Zunächst wird mit den Beliehenen der Termin und Einzelheiten des Ablaufs besprochen. Sie erhalten dann das offizielle Glückwunschschreiben des Ministerpräsidenten, worin er gleichzeitig zur Entgegennahme der Ordensinsignien in der Staatskanzlei einlädt. (Hierbei gehört es zum guten Stil, dass der Aushändigende selbst solche Briefe unterschreibt, und dies nicht durch Mitarbeitende *Im Auftrag* erledigen lässt).
Jede/r Beliehene wird darüber hinaus vom Protokoll gebeten, Personen aus dem Umfeld (privat, dienstlich, geschäftlich, ehrenamtlich) zu benennen, die man zum Empfang eingeladen sehen möchte. Die entsprechenden Einladungen erfolgen mit einer persönlichen Einladungskarte. Zusätzliche Einladungen erfolgen durch das Protokoll adäquat an Repräsentanten des

öffentlichen Lebens, Repräsentanten der Wohnsitzgemeinde und des Kreises sowie an die Initiatoren der Auszeichnung.
Am Tage des Empfangs werden die Gäste beim Eintreffen am Mitteleingang der Staatskanzlei vom Protokoll – das Gastgeberfunktionen auszuüben hat – begrüßt und zur Empfangshalle gebeten oder im Falle der Beliehenen und Ehrengäste auch geleitet.
Nachdem die Gäste vollzählig anwesend sind (ist anhand der Rückmeldungen auf die Einladung erkennbar) werden sie gebeten, sich gegenüber des Rednerpultes im Halbkreis zu gruppieren, die zu Ehrenden (bei mehreren in alphabetischer Reihenfolge) mit ihren (Ehe-)Partner/innen in der vordersten Linie. Diese Aufstellung vereinfacht den Ablauf, sieht auf Bildern gut aus und erleichtert den Medienvertretern die Zuordnung der Namen zu den abgebildeten Ordensträgern.

Erst jetzt betritt der Gastgeber, der Ministerpräsident, die Empfangshalle, grüßt allgemein durch Kopfnicken, begibt sich direkt ans Rednerpult, beginnt mit der Begrüßung der Ordensträger und der weiteren Gäste und würdigt die Verdienste aller Ausgezeichneten (in der alphabetischen Reihenfolge der Namen). Danach überreicht er die Ordensinsignien und die Verleihungsurkunden. Er geht auf die Beliehenen zu (hier erleichtert die alphabetische

Reihenfolge den reibungslosen Ablauf) und überreicht zunächst mit Handschlag die Urkunde und anschließend den Orden in der geöffneten Schatulle. Urkunden und Orden werden vom Protokoll angereicht. Das Anstecken des Ordens erfolgt auf Wunsch später im Verlaufe des Empfangs. Das Anstecken bei der Überreichung würde – wenn nicht nur eine Auszeichnungen vorgenommen wird – bei mehreren Ausgezeichneten unverhältnismäßig viel Zeit in Anspruch nehmen. Die Nadeln der Orden lassen sich nicht bei jedem Kleiderstoff gut anbringen, bei empfindlichen Stoffen können sie sogar Löcher verursachen. Viele empfinden die Berührungen, die zwangsläufig mit dem Anstecken der Orden verbunden sind, als unangenehm. Außerdem kann es groteske bis unwürdige Bilder ergeben.

Nach der Aushändigung der Orden übereicht der Ministerpräsident Blumen an die (Ehe-)Partnerinnen der Ordensträger und an die Ordensträgerinnen.
Bei mehreren Beliehenen spricht anschließend einer das Dankeswort. Üblicherweise fällt dies dem Lebensältesten zu. Allerdings geschieht dies nicht ohne vorherige Absprache mit diesem selbst und den weiteren Ausgezeichneten, denn schließlich muss sich der Redner darauf vorbereiten, und die anderen können gewiss sein, nicht in die Verlegenheit zu kommen, spontan etwas sagen zu müssen.
Im Anschluss daran lädt der Gastgeber zu einem Umtrunk ein, in dessen Verlauf er möglichst alle Gäste begrüßt und sich zumindest kurz mit Ihnen unterhält.
Es mag etwas erstaunen, dass der Ministerpräsident seinen allgemeinen Gastgeberpflichten, nämlich jeden Gast persönlich zu begrüßen, erst im Verlaufe des Umtrunks nachkommt. Dies ist im hochoffiziellen Bereich durchaus üblich, es sei denn, es wird ein Defilee durchgeführt. Die anfängliche Begrüßung durch das Protokoll wird in diesem Bereich als hinreichend empfunden, denn das Protokoll fungiert sozusagen als *verlängerter Arm des Gastgebers.*
Wenn der Bundespräsident Orden aushändigt – das geschieht nur im Ausnahmefall – beispielsweise anlässlich des Tages der Deutschen Einheit oder anlässlich des Tages des Ehrenamtes, so erfolgt dies in aller Regel im Rahmen einer kleinen Feierstunde mit anschließendem Empfang oder gesetztem Essen (mit Platzordnung).

Wann und wie trägt man Orden?

Die Verleihung des Verdienstordens der Bundesrepublik Deutschland stellt eine besonders hohe staatliche Ehrung dar, eine Anerkennung durch ein sichtbares Zeichen. Es entspricht Sinn und Bedeutung dieser Auszeichnung, dass sie öffentlich getragen wird, um ihre Wirkung voll entfalten zu können.
Das Tragen des Ordens ist nur dem damit Ausgezeichneten gestattet. Stirbt er, dürfen die Erben zwar die Ordensinsignien behalten, aber weder Orden noch Miniatur tragen. Das unbefugte Tragen eines Ordens ist eine Ordnungs-

widrigkeit, die mit einer Geldbuße bis zu fünftausend Euro geahndet werden kann.

Der Orden kann im Original bei allen besonders feierlichen Anlässen (Staatsbesuche, Nobelpreisverleihung) angelegt werden. Die Kleidung sollte dem Anlass und der Würde des Ordens entsprechen, etwa Frack oder Abendkleid. Die Orden in Originalausführung sind deshalb kaum mehr zu sehen, allenfalls – wenn überhaupt – nur noch die Miniaturen.
Die Ordensminiatur sollte – anstelle des Originals – bei allen anderen Gelegenheiten getragen werden. In Betracht kommen insbesondere Veranstaltungen des Staates, der Kommunen, der Kirchen, der Sozialpartner, von Verbänden und Vereinen, kulturelle Ereignisse und Feste im Familienkreis. Sie kann auch im Büro getragen werden.
Die Ordensminiatur kann in diesen Fällen auch zur Alltagskleidung getragen werden.
Für Uniformträger gelten besondere Bestimmungen, z.B. die Anzugsordnung der Bundeswehr.
An Mänteln und Umhängen werden Orden und deren Miniaturen nicht getragen.

Für den Bundesverdienstorden gelten folgende Trageempfehlungen:

Die Verdienstmedaille und das Verdienstkreuz am Bande des Verdienstordens der Bundesrepublik Deutschland werden in derselben Weise getragen:
- Herren tragen diese Orden an der linken oberen Brustseite, nicht am Revers. Die Nadel ist durch die äußere Kante des Revers verdeckt.

– Herren tragen die Miniatur auf der oberen Hälfte des linken Revers oder im Knopfloch.

– Frauen tragen diese Orden etwa eine Handbreit unterhalb der linken Schulter.

– Die Miniatur wird etwa eine Handbreit unterhalb der linken Schulter getragen. Bei Jacken, Sakkos o.ä. kann die Miniatur auf der oberen Hälfte des linken Revers oder im Knopfloch getragen werden.

Das Verdienstkreuz 1. Klasse des Verdienstordens der Bundesrepublik Deutschland:

- Herren tragen es an der linken unteren Brustseite.
- Damen tragen es auf der linken Seite etwa eine Handbreit oberhalb der Taille.

Das Große Verdienstkreuz des Verdienstordens der Bundesrepublik Deutschland:

- Herren tragen das Ordensband am Hals unter dem Kragen des Oberhemdes. Die Halterung des Kreuzes muss auf dem flach gebundenen Krawattenknoten oder unter dem Querbinder auf dem Oberhemd aufliegen. Es empfiehlt sich eine einfarbige Krawatte oder ein einfarbiger Querbinder. Beim Frackhemd liegt das Band auf dem Kragen.
- Frauen tragen das Große Verdienstkreuz etwa eine Handbreit unterhalb der linken Schulter.

Das Große Verdienstkreuz mit Stern des Verdienstordens der Bundesrepublik Deutschland:

- Herren tragen das Große Verdienstkreuz wie oben beschrieben. Der Stern wird an der linken unteren Brustseite getragen.
- Frauen tragen das Große Verdienstkreuz etwa eine Handbreit unterhalb der linken Schulter. Der Stern wird auf der linken Seite etwa eine Handbreit oberhalb der Taille befestigt.

Das Große Verdienstkreuz mit Stern und Schulterband des Verdienstordens der Bundesrepublik Deutschland:

- Herren tragen das Schulterband von der rechten Schulter zur linken Hüfte. Der Stern wird an der linken unteren Brustseite befestigt. Das Schulterband wird zum Frack getragen. Bei anderer Kleidung wird der Stern ohne Schulterband getragen. Herren tragen das Schulterband bei Anwesenheit des Bundespräsidenten über, sonst unter der Weste.
- Frauen tragen das Schulterband von der rechten Schulter zur linken Hüfte. Der Stern wird auf der linken Seite etwa eine Handbreit oberhalb der Taille befestigt.

Das Großkreuz des Verdienstordens der Bundesrepublik Deutschland:
- Herren tragen das Schulterband von der rechten Schulter zur linken Hüfte. Der Stern wird an der linken unteren Brustseite befestigt. Das Schulterband wird zum Frack getragen. Bei anderer Kleidung wird der Stern ohne Schulterband getragen. Herren tragen das Schulterband bei Anwesenheit des Bundespräsidenten über, sonst unter der Weste.
- Frauen tragen das Schulterband von der rechten Schulter zur linken Hüfte. Der Stern wird auf der linken Seite etwa eine Handbreit oberhalb der Taille befestigt.

Die Trageweise der Miniatur ist für alle Ordensstufen gleich:
- Herren tragen die Miniatur auf der oberen Hälfte des linken Revers oder im Knopfloch.
- Frauen tragen sie etwa eine Handbreit unterhalb der linken Schulter. Bei Jacken, Sakkos o.ä. kann die Miniatur auf der oberen Hälfte des linken Revers oder im Knopfloch getragen werden.

Ist man gleichzeitig Träger mehrerer Orden, so wird empfohlen, von innen nach außen, zunächst die deutschen Auszeichnungen nach Stufen (beginnend mit der höchsten Stufe) und dann die ausländischen Orden nach Verleihungsdatum zu tragen.

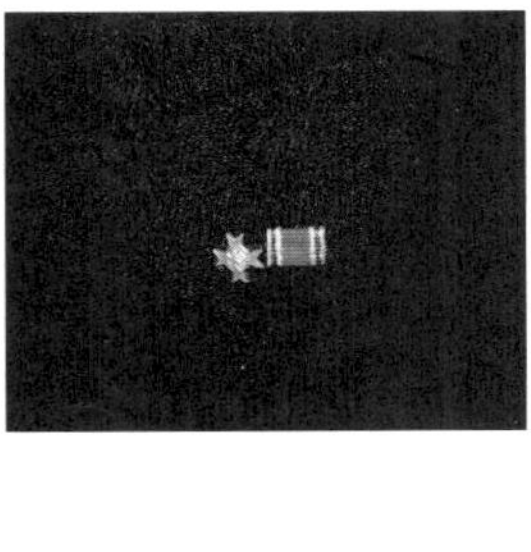

Saarländischer Verdienstorden, Bundesverdienstkreuz am Bande

Kann jeder Orden stiften?

Orden und Ehrenzeichen können nach den ordensrechtlichen Bestimmungen nur vom Bundespräsidenten oder mit seiner Genehmigung gestiftet und verliehen werden.

Viele Organisationen, Vereine oder Verbände haben eigene Abzeichen, Ehrenzeichen, Ehrennadeln o. ä., mit denen sie (langjährige) Mitgliedschaft oder Verdienste auszeichnen, die jedoch im Rechtssinne keine Orden sind.
Bei der Stiftung solcher Zeichen ist zu beachten, dass sie in- oder ausländischen staatlichen Orden oder Ehrenzeichen oder den dazugehörigen Bändern nicht zum Verwechseln ähnlich sein dürfen. Nach deutschem Recht stellt das Tragen ordensähnlicher Abzeichen eine Ordnungswidrigkeit dar. Die Stiftung einer solchen Auszeichnung wird als Beteiligung an einer solchen Ordnungswidrigkeit angesehen.

Eine Verwechslungsgefahr ist dann nicht anzunehmen, wenn
- eine Auszeichnung nicht die traditionellen Ordensformen, wie Kreuz oder Stern aufweist
- das Band einer Auszeichnung in einer anderen als den Nationalfarben gehalten ist und
- kein staatlich besetztes Symbol trägt, wie beispielsweise den Bundesadler, Länderwappen etc.

Hoheitszeichen und Staatssymbole – wer darf sie verwenden?

Hoheitszeichen und Staatssymbole – wer darf sie verwenden?

Wappen und Siegel des Bundes und der Länder, Bundesadler, Amtsschilder sowie Bundes- und Landesdienstflaggen, -standarten und -kokarden sind dem staatlich-hoheitlichen Bereich vorbehaltene Symbole. Regelungen über Aussehen, Führen und Verwenden der Symbole erlassen Bund und Länder jeweils für den eigenen Bereich. Unbefugtes Benutzen, auch zur Kennzeichnung von Waren und Dienstleistungen, stellt eine Ordnungswidrigkeit dar und kann mit Bußgeld belegt werden.
Farben, Flaggen, Wappen und Hymne sind durch das Strafrecht vor Verunglimpfung geschützt. Sie stiften mehr noch als die vorerwähnten Symbole Identität und dürfen nicht entwertet werden. Man denke nur an die Bedeutung von Flagge und Hymne bei der friedlichen Revolution, die 1989 zur Einheit Deutschlands führte.
Staatssymbole sind Teil der Geschichte und Tradition des Gemeinwesens. Ältere Menschen empfinden sie oft als Zeichen des Fortbestandes dessen, mit dem sie sich jahrelang – auch ungeachtet etwaiger Regierungswechsel – identifiziert haben und für dessen Wohl sie sich eingesetzt haben. Gelegentlich wird deshalb auch Kritik laut, wenn auf amtlichen Schriftstücken Wappen ganz fehlen oder zur Fußnote verkommen bzw. Behörden nicht mit der Landesflagge gekennzeichnet sind, sondern mit einer zum Corporate Design passenden Fahne.

Flaggenschmuck

Der Flaggenschmuck an Dienstgebäuden ist durch den Bund und die Länder jeweils rechtlich geregelt. Sowohl die Art und Weise der Beflaggung als auch die Beflaggungstage sind angeordnet. Der Bund hat als Beflaggungstage festgelegt:

27. Januar	Tag des Gedenkens an die Opfer des Nationalsozialismus (halbmast)
01. Mai	Tag der Arbeit
05. Mai	Europatag
23. Mai	Jahrestag der Verkündung des Grundgesetzes
17. Juni	Jahrestag des 17. Juni 1953
20. Juli	Jahrestag des 20. Juli 1944

03. Oktober	Tag der Deutschen Einheit
	Volkstrauertag (halbmast)
	Tag der Wahl zum Deutschen Bundestag und zum Europäischen Parlament

Darüber hinaus kann aus besonderem Anlass die Beflaggung angeordnet werden, z.B. bei Staatstrauer.

In den Ländern sind die Beflaggungstage des Bundes weitgehend übernommen und teilweise durch eigene Beflaggungstage ergänzt worden.

Während für Dienstgebäude genau geregelt ist, welche Flaggen (z.B. Europa-, Bundes-, Landesflagge) in welcher Reihenfolge wie zu hissen sind, steht es Institutionen, Unternehmen, Vereinigungen oder Privatpersonen grundsätzlich frei, ob, wie und wann sie eigene Gebäude beflaggen. Dienstflaggen (z.B. Deutschlandfahne mit Bundesadler) dürfen natürlich nicht verwendet werden.

Die Verunglimpfung von Flaggen, auch derjenigen anderer Staaten, steht unter Strafe.

Soll im nichtstaatlichen Bereich mit Fahnenschmuck gearbeitet werden, beispielsweise bei Sportveranstaltungen, so orientiert man sich gerne an staatlichen Regeln.

In der Bundesrepublik wird in aller Regel v*on links nach rechts* geflaggt, d.h. mit Blick auf das Gebäude erhält die ranghöchste Flagge die äußere linke Position, alle weiteren folgen rangabwärts nach rechts.

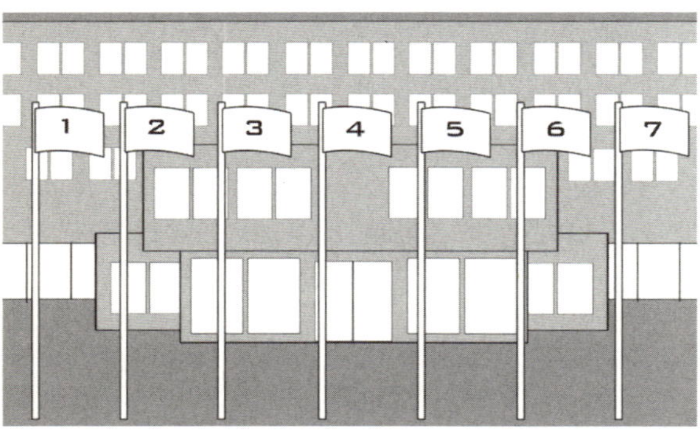

Wenn man sich vorstellt, im Gebäude zu stehen und von innen auf die Flaggen zu schauen, so ist die höchste Flagge an der rechten Seite des Gebäudes, also am Ehrenplatz.

Nach internationalem Brauch, der auch in manchen Bundesländern praktiziert wird, kann bei einer ungeraden Anzahl von Flaggen der Ehrenplatz auch in der Mitte vorgesehen werden.

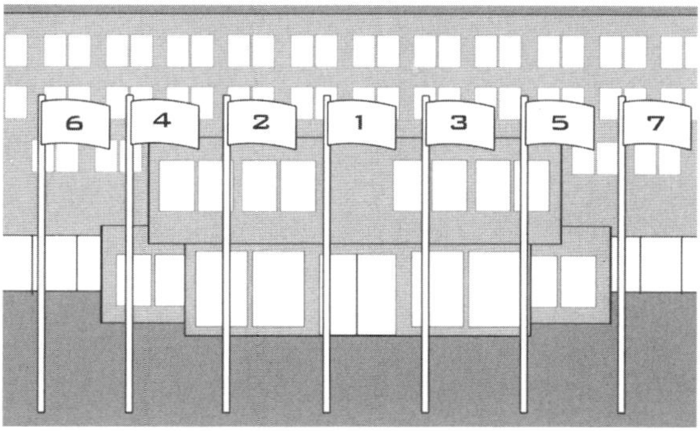

Auf Bundesebene wird nach folgender Reihung geflaggt: Flaggen internationaler und überstaatlicher Organisationen – Flaggen ausländischer Staaten – Bundes(dienst)flagge – Länderflaggen – Gemeinde(verbands)flaggen.

International gibt es auch die Gepflogenheit, die eigene Flagge am Ehrenplatz zu positionieren, um damit die Hausherren- oder Gastgebereigenschaft zu demonstrieren. Diese Regelung greifen beispielsweise Veranstalter von sportlichen Wettbewerben gerne auf.
Sind die Flaggen mehrerer Staaten oder anderer ranggleicher Gebietskörperschaften zu hissen, so folgt die Reihenfolge dem Alphabet (z.B. nach der amtlichen deutschen Kurzbezeichnung ausländischer Staatennamen oder nach der alphabetischen Reihenfolge der Namen der Bundesländer).

Man unterscheidet Hiss- und Bannerflaggen.
Hissflaggen werden an aufrecht stehenden Flaggenmasten, seltener an schrägen oder waagerechten Stangen befestigt. Die Flagge ist (bei waagerechter Farbteilung) so zu hissen, dass die ranghöchste Farbe am oberen Ende des Flaggenmastes positioniert ist und die weiteren Farben nach unten folgen. (Welches im Einzelfall die ranghöchste Farbe ist, entnimmt man den rechtlichen Regelungen. Bei mehreren Farben ist eine Reihenfolge vorgegeben, z.B. schwarz-rot-gold bei der Bundesflagge).

Hissflaggen

Bei senkrechter Farbteilung (z.B. bei der Französischen Flagge) ist die ranghöchste Farbe am nächsten zum Flaggenmast, die weiteren folgen nach außen.
Banner sind Flaggen im Hochformat, an einem Querbalken befestigt und zum hissen an einem Flaggenmast geeignet. Banner erfreuen sich zunehmender Beliebtheit, weil sie besser gesehen und erkannt werden können als Hissflaggen, die sich nur dann voll entfalten können, wenn sie im Wind flattern. Das ist sicher auch ein Grund dafür, dass sie mittlerweile auch in die Flaggenordnungen von Bund und Ländern Einzug gehalten haben.

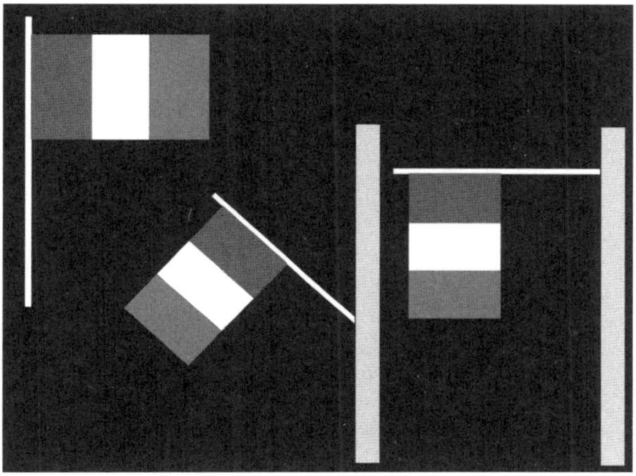

Hissflaggen

Banner tragen (mit Blick auf die Flagge) die höchste Farbe links, die weiteren folgen nach rechts (wenn die Farben der Hissflagge horizontal geteilt sind).

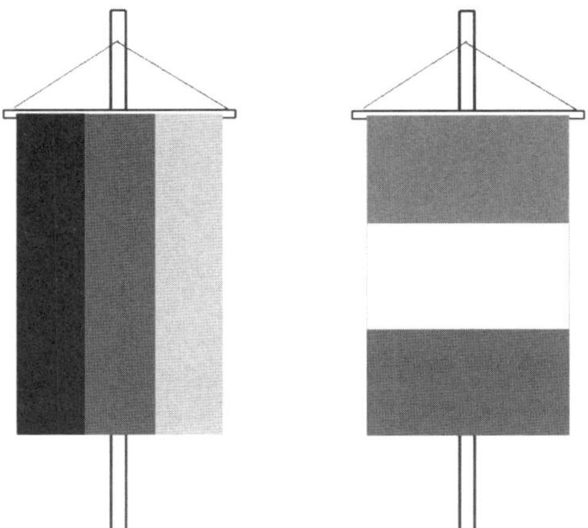

Bannerflaggen

Banner tragen die höchste Farbe oben, wenn die Farben der Hissflagge senkrecht geteilt sind.

Da Außenbeflaggung nur sinnvoll ist, wenn man die Flaggen sehen kann, sind sie bei Dunkelheit einzuholen, es sei denn, sie würden angestrahlt.

Jede Art der Beflaggung ist auch Dekoration. Deshalb sollte besonders darauf geachtet werden, dass die Größe der Flaggen in angemessenem Verhältnis zu den Flaggenmasten oder -stöcken und zum Gebäude steht. Werden mehrere Flaggen gesetzt, sollten alle die gleichen Abmessungen haben.
Dies gilt entsprechend auch für die Innendekoration mit Flaggen. Hierfür besonders geeignet sind Pylonen, die entweder mit einer oder mehreren Flaggen bestückt werden.

Wappen und Landessymbole

Bundes- und Länderwappen dürfen grundsätzlich nicht zur privaten oder kommerziellen Nutzung verwendet werden; sie sind dem staatlich-hoheitlichen Bereich vorbehalten. In Einzelfällen kann unter bestimmten Voraussetzungen eine Genehmigung zur Verwendung von Wappen erteilt werden. Dafür sind auf Bundesebene das Bundesinnenministerium, in den Ländern die Innenministerien oder die Staats- und Senatskanzleien zuständig. Im Saarland sind beispielsweise Genehmigungen durch das Innenministerium möglich, wenn die Verwendung des Landeswappens keinen amtlichen Eindruck hervorruft, das Wappen bei der Darstellung nicht verunglimpft wird und die Verwendung im Interesse des Landes liegt.

Das Interesse aus der Wirtschaft und der Bevölkerung am Gebrauch von Landessymbolen ist nach wie vor sehr groß. Deshalb haben die meisten Länder mittlerweile andere optische Zeichen der Landeszugehörigkeit, wie Signets (Baden-Württemberg, Sachsen), Symbole (Niedersachsen, Saarland), Landeszeichen (Hessen) Wappenzeichen (Nordrhein-Westfalen, Rheinland-Pfalz) oder Logos (Sachsen-Anhalt) für den nichtstaatlichen Bereich geschaffen, die genehmigungsfrei verwendet werden dürfen. In Bayern existiert eine allgemeine Genehmigung für die Verwendung von Teilen des Wappens, z.B. der weiß-blauen Rauten.

Hymne

Bayern hat als einziges Bundesland eine Landeshymne, die bei offiziellen Anlässen neben der Nationalhymne der Bundesrepublik Deutschland gespielt wird. In Schleswig-Holstein wird als Ausdruck landsmannschaftlicher Verbundenheit das Schleswig-Holstein-Lied gesungen. In den anderen Bundesländern gab es zeitweise Bestrebungen, Landeshymnen zu schaffen, in Mecklenburg-Vorpommern und Sachsen durch Liedwettbewerbe, die jedoch bisher nicht zu einer förmlich festgelegten Landeshymne führten.

Nationalhymne der Bundesrepublik Deutschland ist die dritte Strophe des Liedes der Deutschen von Hoffmann von Fallerleben mit der Melodie von Joseph Haydn. Sie wurde nach der Wiedererlangung der deutschen Einheit durch einen Briefwechsel des Bundespräsidenten mit dem Bundeskanzler festgelegt und durch eine Bekanntmachung des Bundesministers des Innern vom 19. November 1991 (BGBl. I S. 2135) veröffentlicht.

Nationalhymne

Einigkeit und Recht und Freiheit
für das deutsche Vaterland!
Danach lasst uns alle streben
brüderlich mit Herz und Hand!
Einigkeit und Recht und Freiheit
sind des Glückes Unterpfand –
Blüh' im Glanze dieses Glückes,
blühe deutsches Vaterland!

Am 29. Mai 1986 wurde in Brüssel als Europa-Hymne das Präludium *Ode an die Freude,* 4. Satz der 9. Symphonie von Ludwig van Beethoven gemeinsam mit der Europaflagge offiziell eingeführt. Der Text von Friedrich Schiller ist nicht Bestandteil der Hymne (er hätte sonst in alle EU-Sprachen übernommen werden müssen), wird aber gleichwohl oft gesungen, wenn die Melodie erklingt.

Freude, schöner Götterfunken, Tochter aus Elysium,
wir betreten feuertrunken, Himmlische, dein Heiligtum!
Deine Zauber binden wieder, was die Mode streng geteilt.
Alle Menschen werden Brüder, wo dein sanfter Flügel weilt.

Bei hochoffiziellen staatlichen Anlässen oder Veranstaltungen (Begrüßung von Staatsgästen, Staatsakten, Festakten) werden üblicherweise Hymnen gespielt. In aller Regel ist zuerst die Gasthymne und dann die eigene zu hören. Bei innerstaatlichen Veranstaltungen bildet die Nationalhymne regelmäßig den Abschluss des offiziellen Teils.
Darüber hinaus gibt es keine verbindlichen Regelungen über die Reihenfolge oder den Zeitpunkt des Abspielens von Nationalhymnen. So kann man sich beispielsweise dazu entschließen, bei einem europabezogenen Anlass

mit der Europahymne zu beginnen und mit der Nationalhymne zu enden. Sollen beide Hymnen am Schluss des Programms stehen, schließt man mit der Europahymne.

Hymnen können in einem Programmablauf (mit Ausnahme der hochoffiziellen staatlichen Veranstaltungen – hier haben sich Usancen herausgebildet) an jeder Stelle platziert werden, an der es würdevoll, sinnvoll und nachvollziehbar ist, z.B. während des Hochziehens von Flaggen bei Sportveranstaltungen.

Protokoll und Zeremoniell- Alter Zopf oder hochaktuell?

Protokoll und Zeremoniell – Alter Zopf oder hochaktuell?

Oft wird an mich die Frage gestellt, ob Protokoll und Zeremoniell überhaupt noch zeitgemäß seien, welche Funktionen sie in einer Demokratie erfüllten und ob Demokratie überhaupt Formen und Symbole brauche.

Hierzu meine Antwort vorneweg:
Eine demokratische und offene Gesellschaft, eine moderne, an der Nähe zum Menschen ausgerichtete Politik muss sich auch in den Formen widerspiegeln. Zudem sind Formen auch eine Sicherheitsleine für die Akteure.
Aufgabe des Protokolls ist es, das politisch Gewollte und Gebotene richtig zu erfassen und mit dem vorhandenen Instrumentarium zu visualisieren.
Zeremoniell, Protokoll und auch Ordensauszeichnungen richtig verstanden, sensibel und sinnvoll eingesetzt sind geeignete Mittel, Staat und Bürgerschaft zu einem funktionierenden Gemeinwesen zu verhelfen.
Die Bedeutung des staatlichen Protokolls und des Zeremoniells wird häufig verkannt, weil die historischen und staatspolitischen Zusammenhänge fehlen und der *Blick hinter die Kulissen* Banales in den Vordergrund treten lässt.
So wurde als Überschrift eines Zeitungsberichts über die Teilnahme von vier Jugendlichen am Neujahrsempfang des Bundespräsidenten getitelt: *Sekt und Häppchen in Schloss Bellevue*. Erst auf den zweiten Blick wurde die Botschaft deutlich: Belohnung für den Kampf junger Menschen gegen Rechtsextremismus.
Der Begriff Protokoll wird zudem oft verkürzt betrachtet und mit negativen Attributen versehen, z.B. strenges, steifes, verstaubtes Protokoll und wird auch im demokratischen Staat mit höfischem Zeremoniell in Verbindung gebracht. Regelmäßig gibt es Berichte, wonach sympathische Prinzessinnen enorm unter dem Diktat des Protokolls zu leiden hätten.
Da Protokoll nie nur eine Bevölkerungs- oder Altersgruppe im Blick haben darf sondern eher alle ansprechen will, wird man sowohl bewährte und traditionelle Formen beibehalten als auch neuere Formen einfließen lassen. Im Idealfall existieren alle Formen nebeneinander und werden anlassbezogen gebraucht.
Es mag auch sein, dass die Begriffe Protokoll und Zeremoniell durch Negativbesetzung Schaden erlitten haben, weil sie an Zeiten erinnern, in denen der Umgang mit höher gestellten Persönlichkeiten nur durch unter-

würfiges Verhalten möglich war, oder an die Zeit des Nationalsozialismus, in der natürlich auch dieses Instrumentarium missbraucht wurde.
Da Protokoll und Zeremoniell oft falsch verstanden werden, teilweise auch aus Unkenntnis der Bedeutung, möchte ich in den folgenden Abschnitten einige Erläuterungen dazu geben.

Protokoll und Zeremoniell im Staat

Protokoll und Zeremoniell sind in unserem Staat kein Selbstzweck, sie erfüllen wichtige Funktionen, sind Mittel der Selbstdarstellung und der Staatspflege.
Die Selbstdarstellung ist natürlich auch Aufgabe der Presse- und Öffentlichkeitsarbeit. Das Vermarkten der tagesaktuellen Politik obliegt der Pressestelle. Die Öffentlichkeitsarbeit kümmert sich um die öffentlichkeitswirksame Darstellung der Regierungspolitik und die Imagepflege ihrer Akteure, um das so genannte Corporate Design oder die Vermittlung neuer Formen des Dialogs mit Bürgerinnen und Bürgern.
Protokoll und Zeremoniell sind Mittel der politischen nonverbalen Kommunikation, die auf der emotionalen Ebene wahrgenommen werden. Es werden sowohl politische Botschaften transportiert wie auch die besondere Bedeutung einzelner Anlässe herausgestellt. Diese Zeichensprache kann nur verstanden werden, wenn die Bedeutung der Zeichen klar erkannt wird. Anders ausgedrückt: die Zeichen müssen dechiffriert werden, der Code dafür bekannt sein. Der Staat muss mit den Medien oder über die Medien Verständnishilfen geben.
Protokoll und Zeremoniell dienen der Repräsentation, nach innen durch eine integrative Wirkung gegenüber der Bevölkerung, z.B. durch repräsentative Veranstaltungen, und nach außen, z.B. gegenüber anderen Gemeinwesen (Staaten, Ländern, Kommunen), wenn die eigene Gemeinschaft dargestellt werden soll. Sie helfen bei Verhandlungen gleiche Augenhöhe herzustellen.
Die Bundesrepublik Deutschland ist geprägt durch das Prinzip der Repräsentation – sowohl im politischen wie auch im gesellschaftlichen Bereich. Möchte man bei einer Veranstaltung eine bestimmte Gruppierung

berücksichtigen, so lädt man deren Repräsentanten, also den Präsidenten, Vorsitzenden, Sprecher usw. ein. Es werden also in erster Linie Strukturen sichtbar, das Amt oder die Funktion stehen im Vordergrund, weniger die Person.

Die Aufgabe des Protokolls, eine Ordnung herzustellen, beinhaltet sowohl die Überlegung, welche Art der Ordnung sinnvoll und angemessen ist, als auch deren Umsetzung. Rangfragen und Abläufe müssen geklärt werden. Den Arbeitsbedingungen und Interessen der Medien ist besondere Aufmerksamkeit zu widmen, denn erst durch umfassende Berichterstattung erfährt die Öffentlichkeit von einem besonderen Ereignis. Protokoll ist daher zum größten Teil knochenhartes Management, minutiöse Planung, Generalstabsarbeit im kleinen und im großen sowie komplizierte Koordination. Ihren eigentümlichen Schwierigkeitsgrad erhält es durch das empfindliche und sensible Umfeld – die Adressaten kennen sich in aller Regel aus. Jede Überaktion oder Nachlässigkeit wird als politisches Signal verstanden oder ungünstigstenfalls missverstanden.
Protokoll und Zeremoniell entlasten von Entscheidungsdruck, stellen Erwartungssicherheit her, koordinieren Verhalten und integrieren. Durch die Verwendung von Symbolen und Zeichen wird Identifikation gestiftet.
Der Schutzfunktion wird das Protokoll dadurch gerecht, dass es Abläufe so plant, dass ein stilvoller Umgang ermöglicht wird. Ein Beispiel dafür ist auch das Defilee (siehe auch Seite 146).
Die Vermeidung von Konflikten gehört ebenfalls dazu. So werden beispielsweise Rangstreitigkeiten vorher geklärt, Platzordnungen, Rednerfolgen oder Abläufe gegebenenfalls zuvor besprochen und ausgehandelt. Eine konfliktentlastende Wirkung kann jedoch nur eintreten, wenn die Regeln richtig angewandt und allseits akzeptiert und respektiert werden.
Protokoll und Zeremoniell dürfen nicht zum Selbstzweck werden. Wenn keine Botschaft erkennbar ist, verkommen sie zu reinen Äußerlichkeiten, zu hohlen Förmlichkeiten. Die Handhabung muss zudem zeitgemäß sein, um verstanden zu werden. Wie jede Kommunikation kann sie ihre Adressaten auch blenden, deshalb sind Transparenz und öffentliche Kontrolle so wichtig.

Was ist Protokoll genau?

Unter dem Begriff *Protokoll* werden die Regeln für den Umgang amtlich beauftragter Persönlichkeiten im internationalen und nationalen Bereich wie auch bei offiziellen und repräsentativen Anlässen zusammengefasst. Protokoll schafft den äußeren Rahmen und sorgt für eine angenehme Atmosphäre bei Begegnungen, Gesprächen und Verhandlungen und dient so auch der Förderung politischer Interessen.

Protokoll bedient sich einer Zeichen- und Bildersprache, beispielsweise durch die Einbindung staatlicher Symbole, staatlichen Zeremoniells, staatlicher Repräsentanten oder durch Visualisierung von Geschichte, Kultur, Wissenschaft, Wirtschaft usw. bei offiziellen Feierlichkeiten oder Besuchsprogrammen.

Protokoll beinhaltet auch gemeinschafts- und harmoniefördernde Verhaltensweisen, etwa indem Abläufe festgelegt, eine dem Amt oder der Funktion angemessene Behandlung sichergestellt, Rangstreitigkeiten verbindlich geregelt und Ordnungen hergestellt werden. Dabei werden Unstimmigkeiten zuvor ausgeräumt und nicht an Ort und Stelle ausgetragen. Das Protokoll wirkt insofern konfliktentlastend.

Abläufe, Ordnungen usw. sind bei hochrangigen Besuchen stets Gegenstand von zuvor geführten Verhandlungen. Das Bereisen des eigenen Landes sowie der Besuch fremder Staaten gehört zu den ältesten Formen der Selbstdarstellung eines Landes. Mit Besuchen können gute und freundschaftliche Beziehungen demonstriert werden oder die Absicht, solche zu begründen, politische Bestrebungen werden deutlich. Jeder hochrangige Besuch ist bis heute Gradmesser des Standes der Beziehungen zwischen zwei Ländern und immer ein Ereignis von hoher politischer Bedeutung. Schon die Entscheidung, ob ein Besuch stattfindet oder nicht, ist ein politisches Signal.

Der politischen Relevanz eines Besuchs muss dessen Ausgestaltung entsprechen: die Bedeutung der Gesprächspartner, der Umfang der protokollarischen Wahrnehmung, die Zahl der Teilnehmer und Gäste, die Medienaufmerksamkeit. Von solchen Besuchen gehen politische Wirkungen aus, sie haben in aller Regel politischen Nutzen.

Gerade im Besuchszeremoniell finden sich heute noch Reste früherer Formen z.B. Abholen an der Landesgrenze, Geleit, Ehrenspalier oder Fahnenschmuck.
Um politisch unliebsame Interpretationen eines Besuchs oder eines Besuchsprogramms nach Möglichkeit auszuschalten und um Empfindlichkeiten nicht aufkommen zu lassen, haben sich standardisierte Besuchszeremonielle durchgesetzt. Es gibt bei hochrangigen Besuchen Abstufungen vom Staatsbesuch über offizielle Besuche bis hin zu Arbeitsbesuchen und schließlich private Besuche. Jedem dieser Besuchstypen wird eine bestimmte Kombination zeremonieller Formen, Programme und Abläufe zugeordnet. Diese bilden das Gerüst, das einerseits allen internationalen Anforderungen gerecht wird, andererseits aber auch Raum für zusätzliche Elemente lässt, mit denen besondere Akzente im Rahmen des Besuchs gesetzt werden können.

Abweichungen von üblichen Formen des Besuchsprogramms werden durchaus bemerkt und kommentiert. So titelte *Die Welt* bei einem Bericht über die Österreich-Reise des deutschen Bundeskanzlers im Mai 2001: *Bundeskanzler brüskiert Österreich*. Stein des Anstoßes war, dass der Kanzler bei seiner Wien-Visite (nach Aufhebung der EU-Sanktionen) vor den offiziellen Begegnungen mit dem österreichischen Bundespräsidenten und dem Bundeskanzler zunächst Gespräche mit hohen Parteifunktionären führte. Die Opposition in Deutschland kritisierte dieses Verhalten als Beleidigung der Regierung Österreichs und schädlich für das Ansehen Deutschlands in der Welt. Die österreichischen Medien sprachen von einer verletzenden Besuchsgestaltung und von Schnitzern in der deutschen Außenpolitik.

Protokoll beinhaltet also die Usancen bei offiziellen Anlässen. Es handelt sich dabei um Regeln und Entscheidungen, die mit staatlicher Autorität ausgestattet sind, weil sie von den höchsten Repräsentanten respektiert werden. Bei jedweden Begegnungen, Veranstaltungen usw. helfen diese Regeln, Irritationen zu vermeiden – die beispielsweise aus kulturellen Unterschieden entstehen könnten – und den Umgang miteinander zu erleichtern. Abläufe

sind teilweise standardisiert, so dass man sich nicht jedes Mal neu auf die Form der Begegnung verständigen muss.
Protokoll beantwortet auch Einzelfragen des angemessenen Umgangs, z.B. was die korrekte Anrede, die Platzierung oder die Redner- und Begrüßungsfolge angeht.
Es vergeht keine Woche, in der nicht bei mir mehrfach nach solchen Dingen gefragt wird. Oft mit dem Hinweis: *Da kann man ja so viel falsch machen ..., ... da gibt es schon Ärger, bevor die Veranstaltung richtig begonnen hat, ... da hab ich schon so viele empfindliche Reaktionen erlebt.*
Seitens der Gäste wird bei (vermeintlichen oder wirklichen Fehlern) meistens geäußert: *... es geht mir ja nicht um meine Person, aber die Institution, die ich vertrete, wird nicht angemessen gewertet.*

Die Organisationseinheit Protokoll

Protokoll werden auch – international einheitlich – die Organisationseinheiten genannt, die sich um repräsentative Veranstaltungen oder offizielle Begegnungen, Besuche usw. sowie um die Einhaltung des protokollarischen Regelwerks kümmern.

In Deutschland gibt es auf Bundesebene eine Trennung zwischen dem Protokoll-Inland (angesiedelt beim Bundesinnenministerium), das die Aufgaben der staatlichen und nationalen Repräsentation erledigt, und dem Protokoll-Ausland (angesiedelt beim Auswärtigen Amt), das für Besuche hochrangiger ausländischer Gäste und Auslandsreisen von Bundespräsident, Bundeskanzler und Bundesaußenminister zuständig ist.
In den Ländern der Bundesrepublik gibt es jeweils bei der Staatskanzlei angesiedelt ein Protokoll, das den Ministerpräsidenten in seiner Funktion als oberster Repräsentant des Landes unterstützt, d.h. bei der Erfüllung seiner für das Land auszuübenden präsidialen Aufgaben, wie offizielle Repräsentation oder Ehrenhoheit.
Der Ministerpräsident ist nach den Verfassungen der Länder oberster Repräsentant, d.h. er hat neben seinen Aufgaben als Regierungschef auch die Aufgaben eines *Staatsoberhauptes*.

Im Wesentlichen gleichen sich die Tätigkeitsfelder des Protokolls in allen Ländern.
Sie umfassen:

- Konzeptionelle Entwicklung sowie Planung und Durchführung staatlicher Veranstaltungen, z.B.: Staatsakte, Festakte, Trauerakte, Gedenkveranstaltungen, Empfänge, Essen
- Wahrnehmung offizieller Gäste aus dem In- und Ausland
- Ausrichtung grenzüberschreitender Konferenzen und Tagungen auf Regierungschefebene
- Offizielle Glückwünsche und Ehrengeschenke des Ministerpräsidenten
- Beratung in Protokollfragen

Das Protokoll ist des Weiteren Verbindungsstelle zu diplomatischen und konsularischen Vertretungen des In- und Auslands.
Chefs/Chefinnen des Protokolls übernehmen in beträchtlichem Umfang Gastgeberfunktionen; deshalb gehören *Atmosphäre schaffen* oder *Fallstricke vermeiden* ebenfalls zu ihren Aufgaben. Protokollmitarbeiter/innen sollten den Vordergrund meiden, im übertragenen Sinne *hinter dem Vorhang* wirken, auf Dezenz und Lautlosigkeit achten und dennoch Präsenz zeigen.
In vielen Bundesländern wird vom Protokoll auch das Verfahren zur Verleihung des Bundesverdienstordens, des Landesverdienstordens und sonstiger Auszeichnungen durchgeführt. Sie wirken ebenfalls im Verleihungsverfahren für ausländische Orden und Ehrenzeichen mit und beraten in Fragen der Ordensrichtlinien und der Ordenspraxis. Auch das Bundespräsidialamt, der Bundestag und die meisten Länderparlamente verfügen über ein Protokoll.

Abgrenzung zu „Etikette"

Etikette ist die Sammelbezeichnung für alle gehobenen Formen des gesellschaftlichen Umgangs, die auch als gute Manieren oder gute Umgangsformen bezeichnet werden, gleichgültig, ob sie zwischen Privatpersonen oder zwischen Amtsträgern zur Anwendung kommen. Sie einzuhalten ist Sache des Einzelnen.

Ich erlebe häufig, dass Protokoll mit Etikette gleichgesetzt wird, und die Protokollchefs als *oberste Benimmwächter* betrachtet werden. Protokollchefs wachen zwar über äußere Formen, aber nicht mit dem Ziel, die Manieren der Gäste zu verbessern, sondern offizielle Anlässe in eine dem Rang und der Bedeutung der Repräsentanten angemessene Form zu gießen. Bei offiziellen Besuchen bestimmt das Protokoll den Grad, also die Art und Weise der Wahrnehmung des Gastes. Es sind Entscheidungen zu treffen über Abholung und Begrüßungszeremoniell, Einsatz von Staatssymbolen, Reihenfolge der Gespräche und der offiziellen Begegnungen, den zeitlichen Ablauf, Placements, Rednerfolgen, Begrüßungsfolgen, Besuchsprogramme.
Das Protokoll kümmert sich um die Einladung von Gästen zu Empfängen oder Essen, um Stil und Ambiente von Veranstaltungen bis hin zur Auswahl von Speisen, Getränken, Dekoration, künstlerischem Beiprogramm usw., nicht jedoch z.B. um die Tischmanieren der einzelnen Essensteilnehmer.
Dennoch spielen bei offiziellen Gelegenheiten auch die Etikette-Regeln eine Rolle, weshalb beim Protokoll oft Erkundigungen darüber eingeholt werden.

Abgrenzung zu Zeremoniell

Zeremoniell ist der Inbegriff derjenigen Regeln, die bei repräsentativen Anlässen gelten und deren äußere Formen festlegen.
Zeremoniell wird immer dann eingesetzt, wenn die besondere Bedeutung von Anlässen herausgestellt werden soll. Zeremoniell kennen wir in vielen Bereichen, z.B. im Staat als Gerichts-, Parlaments-, Flaggenzeremoniell, Militärisches Zeremoniell oder Seezeremoniell. Aber auch im kirchlichen und privaten Bereich ist uns Zeremoniell sehr vertraut.

Die Akzeptanz und sogar das Bedürfnis danach zeigt sich etwa auch bei herausragenden Sportveranstaltungen sehr deutlich, z.B. Eröffnungs- und Schlussfeiern oder Medaillenübergaben bei Olympischen Spielen, Weltmeisterschaften oder Europameisterschaften. Hierbei wird die integrative Wirkung und die Identifikation insbesondere durch staatliche Symbole, wie Flaggen und Nationalhymnen erzielt.

Die Gedenkfeier am „Ground Zero“ im vergangenen Jahr bestand ausschließlich aus Zeremoniell, Symbolen und Zeichen, deren Bedeutung allerdings durch den Bürgermeister von New York in einer vorherigen Radioansprache erklärt wurde.

Die Zeremonie wurde mit dem Läuten der kleinen Glocke der Feuerwehrwache neben dem einstigen World Trade Center eingeleitet. Damit wurde an die 343 Feuerwehrmänner erinnert, die bei der Evakuierung im Einsatz waren und das Gebäude nicht mehr rechtzeitig verlassen konnten.
Dann wurde die letzte Bahre aus der gewaltigen Grube des Ground Zero nach oben getragen. Sie war mit der US-Flagge bedeckt, darunter jedoch leer – eine symbolische Verneigung vor den Hunderten von Toten, die nicht aus den Trümmern geborgen werden konnten.
Der Bahre folgte ein Schwerlastzug mit dem letzten Stahlträger des World Trade Center, dem letzten noch aufrecht stehenden Teil.
Um 10.29 Uhr Ortszeit läuteten die Kirchenglocken New Yorks – genau zu der Zeit als am 11. September 2001 der zweite der beiden Türme des World Trade Centers einstürzte.

Wie wirken Protokoll und Zeremoniell zusammen?
Protokoll regelt Rangfragen, Abläufe, Grad und Umfang der protokollarischen Wahrnehmung. Zeremoniell schafft den feierlichen Rahmen hierzu.
Staatszeremoniell regelt bei repräsentativen Anlässen deren äußere Form. Das Protokoll entscheidet über das angemessene Zeremoniell, z.B. welches Begrüßungszeremoniell? Abholung an der Landes-/Stadtgrenze, Begrüßung am Amtssitz oder erst im Amtszimmer? Flaggen ja oder nein? Eskorte ja oder nein? Roter Teppich ja oder nein? Großes feierliches Bankett oder einfaches Arbeitsessen?, legt Rang- und Platzordnungen fest, sorgt für einen harmonischen Ablauf und eine gute Atmosphäre.

Protokoll und Zeremoniell bilden also Synergien:
Zeremoniell und Protokoll im Staat sind nonverbale politische Kommunikation, umgesetzt in Bilder. Das politisch Gewollte wird visualisiert. Bil-

der sind eine sehr direkte Art der Kommunikation, ihre Sprache ist überzeugend, unmittelbar und wird vielfältig verstanden. *Ein Bild sagt mehr als 1000 Worte.* Bilder prägen unser Denken, Fühlen und Handeln.

Diese Begrüßung mit einer Maori-Zeremonie signalisiert den Respekt vor dieser ethnischen Bevölkerungsgruppe, die knapp 10 Prozent der Bevölkerung Neuseelands ausmacht.

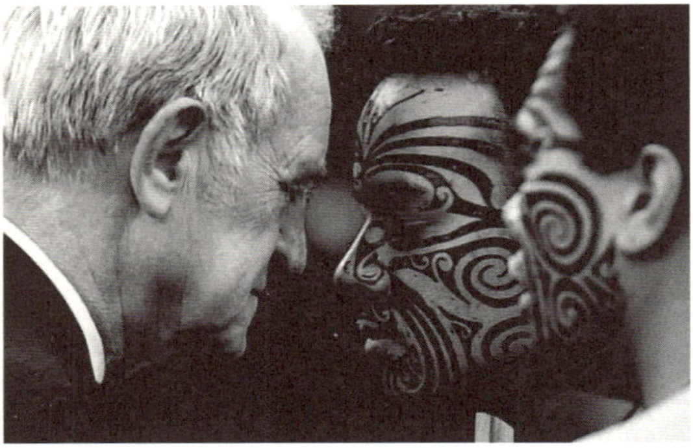

Was passiert, wenn wir uns Protokoll und Zeremoniell wegdenken?
Wir stellen uns vor, der Präsident der Französischen Republik macht einen Deutschlandbesuch. Er kommt auf dem Flughafen an – allein. Geht durch die Halle zum Ausgang, steigt in ein Taxi, fährt zum Bundespräsidialamt, meldet sich bei der Polizeiwache am Eingang an und wird dann zum Büro des Bundespräsidenten geschickt…

Solch ein Besuchsablauf hätte weder Innen- noch Außenwirkung. Es gäbe keine Möglichkeit, Geschichte, Kultur oder Wirtschaft des eigenen Landes zu vermitteln, beispielsweise durch die Wahl von Veranstaltungsorten, Besuchsprogramm oder die Auswahl eingeladener Gäste. Die politische Bedeutung des Besuchs würde untergehen.

Oder ein anderes Beispiel: Ein Ministerpräsident kann – bei einem Empfang etwa – nur auf einem geordneten Hintergrund als bürgernah, entgegenkommend und freundlich wahrgenommen werden. Wenn das Auftreten nicht entsprechend arrangiert wird, kann der gewollte Effekt nicht erzielt werden.

Gesten – wie etwa der Kniefall Brandts in Warschau oder der Händedruck von Kohl und Mitterand über den Gräbern von Verdun – erzielen auch deshalb große Wirkung, weil sie vom üblichen und daher vorher bekannten Ablauf abweichen.

Hier nähern wir uns aber schon der besonderen Kunst: denn nur wer die Form kennt und in aller Regel auch einhält, kann durch ein Abweichen davon auf sehr direkte und spontane Art Botschaften transportieren.

Ohne Protokoll und Zeremoniell wären wichtige Mittel der Staatspflege und der Selbstdarstellung des Landes verloren. Wir hätten einen Staat ohne Formen und ohne Respekt vor Formen. Die Bürgerinnen und Bürger hätten weniger Gelegenheit, die Existenz und Einheit des eigenen Staates zu erleben. Das können sie z.B., wenn eine führende Persönlichkeit in Erscheinung tritt oder ein Staatssymbol gezeigt wird.

Der ehemalige Bundespräsident Walter Scheel hat in seiner Rede anlässlich der Ordensverleihung zum Verfassungstag 1979 betont, dass der demokratische Staat Formen und Respekt vor Formen brauche. Solche Formen seien mehr als technische Regelungen, sie seien Ausdruck des freiheitlichen Geistes unseres Staates. Freiheit ohne Form sei Anarchie und deshalb seien demokratische Formen ein Teil der Freiheit selbst.

Auch der Blick in die Geschichte zeigt, dass z.B. nach Revolutionen bestehende Ordnungen, Symbole oder Denkmäler zwar zerstört wurden, an ihrer Stelle aber bald neue Ordnungen, Symbole und Denkmäler entstanden.

Protokoll in der grenzüberschreitenden Zusammenarbeit

In seiner Regierungserklärung vom 23. November 1994 schlug der damalige Ministerpräsident des Saarlandes wegen der ständig steigenden Zahl grenzüberschreitender Kooperationen und der zunehmend an Bedeutung gewinnenden kommunalen Zusammenarbeit die Vertiefung der politischen Zusammenarbeit in der Region Saar-Lor-Lux / Trier / Westpfalz vor. In An-

lehnung an den deutsch-französischen Vertrag solle ein Saar-Lor-Lux-Gipfel mit den jeweiligen Repräsentanten mindestens einmal jährlich stattfinden. Die europäische Großregion solle nach außen entsprechend dargestellt werden, damit ihre Vorreiterrolle der grenzüberschreitenden kooperierenden Regionen entsprechend zur Geltung komme.
Der erste Saar-Lor-Lux-Gipfel fand im September 1995 in Mondorf (Luxemburg) statt. Im November 1996 trafen sich die Regierungschefs zum zweiten Gipfel der Großregion, wie er zwischenzeitlich zutreffender genannt wurde, in Saarbrücken.
Beteiligt an diesem zweiten Gipfel war der Regierungschef eines Nationalstaates, der nach internationalem Protokoll mit dem Bundeskanzler gleichrangig ist, der Repräsentant eines Gliedstaates der Bundesrepublik, der Präsident einer französischen Region sowie Repräsentanten von Wallonien als hochrangige Teilnehmer. Zusätzlich waren als Gäste u. a. eine EU-Kommissarin sowie eine französische Präfektin anwesend.

Am 30. Juni 2003 fand in Saarbrücken auf Einladung des saarländischen Ministerpräsidenten das inzwischen siebte Gipfeltreffen statt. Mittlerweile sind die Generalratspräsidenten der benachbarten französischen Departe-

ments Gipfelteilnehmer. Zum ersten Mal war der Präfekt, Vertreter der französischen Regierung, als Vollmitglied des Gipfels anwesend. Hochrangige Gäste waren der Vorsitzende der Politischen Kommission für das *Zukunftsbild 2020*, der Vorsitzende des Wirtschafts- und Sozialausschusses des Gipfels sowie der Präsident des Interregionalen Parlamentarierrates.
Platziert wurden die Gipfelteilnehmer mit ihren Delegationen stets an einem so genannten *runden Tisch*. Der runde Tisch symbolisiert Geschlossenheit der Runde und Gleichrangigkeit ihrer Teilnehmer ungeachtet ihres eigentlichen Ranges.
Eine solche Zusammenkunft am runden Tisch soll die partnerschaftliche Zusammenarbeit über regionale bzw. nationale Grenzen hinweg signalisieren. Der Gedanke des Modells eines Europas der Regionen, das den Menschen ihre Identität lässt, findet durch dieses protokollarische Bild seinen Ausdruck. Nur durch eine vom Anlass her bestimmte Gleichrangigkeit ist es möglich, vorhandene Kräfte auf ökonomischem, infrastrukturellem und kulturellem Gebiet aufzuspüren, zu sammeln und zu koordinieren, um den aus historisch-politischen Gründen getrennten Wirtschafts- und Kulturraum zu einer europäischen Musterregion zu entwickeln.
Jeder Gipfelteilnehmer wurde in der gleichen Art protokollarisch wahrgenommen, durch Angebot eines Polizeigeleits ab der saarländischen Grenze, Begrüßung am Tagungsort und Geleit in den Konferenzsaal. An den fünf Flaggenstöcken des Saarbrücker Schlosses wurden die französische, die luxemburgische, die wallonische, die rheinland-pfälzische und die saarländische Flagge gehisst. Die französischen Teilnehmer hatten sich auf die französische Flagge geeinigt und auf die Regionen- bzw. Departement-Flagge verzichtet.

Die Platzordnung im Konferenzsaal erfolgte nach arbeitstechnischen Gesichtspunkten. Beim anschließenden Mittagessen wurden die Gipfelteilnehmer und hochrangigen Gäste an einem Ehrentisch versammelt, das Placement erfolgte nach Anciennität. Die Konferenzteilnehmer aus der Arbeitsebene saßen an Einzeltischen ohne Platzordnung. Sie hatten dadurch Gelegenheit, mit ihren Pendants aus der Großregion das eine oder andere

Gespräch zu führen. Bei der anschließenden Pressekonferenz stellten sich alle Vollmitglieder des Gipfels den Fragen der Presse, nicht wie bei sonstigen Konferenzen üblich nur der Vorsitzende.

Protokoll – nur im Staat?

Zeremoniell, Rangordnungen, symbolische Handlungen, Rituale und geordnete Abläufe gibt es in allen Bereichen des öffentlichen und privaten Lebens. Sie kommen immer dann zum Tragen, wenn Ereignisse aus der Alltäglichkeit herausgehoben und als etwas Bedeutsames, Wichtiges, Wertvolles kenntlich gemacht werden sollen.
Sie geben Orientierung, verweisen auf Kultur und Tradition, integrieren und stiften Identifikation.
Im gesellschaftlichen Leben wie ebenso im Bereich der Wirtschaft ist der Umgang mit diesem Instrumentarium unverkrampft. Es wird – anders als beim staatlichen Handeln – kaum kritisiert.
Es ist selbstverständlich, dass beispielsweise bei wichtigen Vertragsabschlüssen in der Wirtschaft ein Zeremoniell entfaltet wird und Regeln der Rangordnung eingehalten werden, ebenso bei wichtigen Geschäftskontakten oder Jubiläumsveranstaltungen.

Im privaten Bereich verhält es sich nicht anders, betrachtet man beispielsweise die Ausgestaltung von Geburtstagen, Hochzeiten, Jubiläen ...
Dass bei großen Sportveranstaltungen Zeremoniell, ja sogar Fahnen, Hymnen usw. nicht fehlen dürfen, wurde schon erwähnt.
Vieles von den Regeln des staatlichen Protokolls ist auf den Bereich Lokalpolitik, Gesellschaft und Wirtschaft übertragbar, wenn es um Repräsentation, Förderung von Beziehungen und Selbstdarstellung geht. Sich an Regeln zu halten ist eine vertrauensbildende Maßnahme, die Sympathie einbringt und ein positives Image vermittelt. Dies gilt nicht nur für den staatlichen Bereich, sondern auch für das gesellschaftliche Umfeld wie ebenso im Wirtschaftsleben.

Mein Resümee ist:
1. Politik, Gesellschaft und Wirtschaft brauchen Formen
2. ein geeignetes Instrumentarium ist vorhanden

Um den richtigen Einsatz werde ich mich nach Kräften bemühen. Diesem Ziel dient auch dieses Handbuch. Für Kritik und Anregungen bin ich dem interessierten Leser dankbar.

Weiterführende Literatur

- Finck von Finckenstein, Theodor: Protokollarischer Ratgeber – Hinweise für persönliche Anschriften und Anreden im öffentlichen Leben, 3. neubearbeitete Auflage, Köln 1998
- Fircks, Alexander von: Anschriften und Anreden, 1. Auflage, Sankt Augustin 1997
- Hartmann, Jürgen, Staatszeremoniell, 3. neubearbeitete Auflage, Köln 2000
- Keß, Bettina: Geschenkt! Zur Kulturgeschichte des Schenkens, Heide 2001
- Kirchner, Heinz: Deutsche Orden und Ehrenzeichen, 5. neubearbeitete und ergänzte Auflage – Köln; Berlin; Bonn; München 1997
- Knigge, Adolph Freiherr von: Über den Umgang mit Menschen, Frankfurt/M. 2002
- Laitenberger, Birgit: Wappen und Flaggen der Bundesrepublik Deutschland und ihrer Länder, 5. neubearbeitete und ergänzte Auflage – Köln; Berlin; Bonn; München 2000
- Sallach, Alexander von: Die Orden und Ehrenzeichen unserer Republik, Konstanz 2003
- Stil & Etikette, Loseblattsammlung, Bonn (www.stil-und-etikette.de)
- Wolf, Peter: Anreden und Anschriften, 1. Auflage, Berlin 2000
- Wrede-Grischkat, Rosemarie: Mit Stil zum Erfolg – Auftreten, Outfit im Beruf, Umgangsformen, 2. Auflage, München 2001

Heidemarie Müller
ist Protokollchefin in der Staatskanzlei des Saarlandes.

Seit 1987 widmet sie sich mit wachsender Freude und zunehmendem Engagement Protokoll- und Etikettefragen. Durch Ihre Tätigkeit für den Ministerpräsidenten kommt sie täglich mit vielen Menschen in Kontakt und kennt daher den Informationsbedarf.

In ihrer über zehnjährigen Seminartätigkeit erfuhr sie die wachsende Nachfrage zu den Themen Protokoll, Umgangsformen, Business-Etikette, Veranstaltungsorganisation und -management. Dabei trifft sie in den letzten Jahren verstärkt auf das Interesse von Institutionen der Wirtschaft, von Verbänden, Führungskräften und Mitarbeiter/innen aus Unternehmen nicht nur aus dem Dienstleistungsbereich.

Vieles, was bisher als „Insiderwissen" galt, ist immer stärker in den Vordergrund ihrer Seminare gerückt. Es ist ein Bewusstsein dafür entstanden, dass gewinnende Repräsentation ein Erfolgsfaktor ist und ein gutes Fundament für positives Image.

www.hm-inter.net

FOTONACHWEIS

Becker & Bredel / 17, 34, 41, 57, 86, 138, 148, 192
DPA / 130, 222

Alle anderen Fotos wurden zur Verfügung gestellt von:
Bundespresseamt
Landesvertretung Saarland
Staatskanzlei Baden-Württemberg
Staatskanzlei Bayern
Staatskanzlei Hessen
Staatskanzlei Mecklenburg-Vorpommern
Staatskanzlei Nordrhein-Westfalen
Staatskanzlei Saarland
Staatskanzlei Sachsen
Stadtverband Saarbrücken
H. und R. Müller
Rolf Ruppenthal, Wadgassen

Impressum

Buchgestaltung	Hajo Müller
Satz	Satz- und Druckagentur Alexandra Henze, Blieskastel
Schriften	Bank Gothic
	Times
Papier	Munken Print 100 g
Druck	Merziger Druckerei und Verlag GmbH, Merzig
Bindung	Buchwerk Darmstadt

Printet in Germany
ISBN 3-935731-50-7

Malstatter Beiträge aus Gesellschaft, Wissenschaft, Politik und Kultur

In der Reihe „Malstatter Beiträge – aus Gesellschaft, Wissenschaft, Politik und Kultur" präsentiert die Union Stiftung ausgewählte Ergebnisse ihrer Bildungsveranstaltungen, wissenschaftliche Arbeiten saarländischer Hochschulabsolventen, Forschungsergebnisse zur Regionalgeschichte sowie literarische Arbeiten aus dem Saar-Lor-Lux-Raum und europäischen Nachbarländern.

Die Herausgeber der Reihe, Franz Schlehofer, Prof. Rudolf Warnking und Dr. Markus Gestier, wollen mit den Malstatter Beiträgen Anregungen zur Auseinandersetzung mit Themen und Literatur unserer Zeit und unserer Geschichte bieten. Sie wünschen den Leserinnen und Lesern die zur Lektüre erforderliche Muße.